河野 勝
Masaru Kohno

政治を科学することは可能か

中央公論新社

はじめに　政治を科学することは可能か

本書は、ここ一五年ほどのあいだにさまざまな機会を通して発表してきた論文をアップデートし、まとめた論文集である。ここに収録されているのは、そのほとんどが日本政治を分析対象とした小論か、もしくは日本の読者を念頭においた政治についてのエッセイである。各章はもともと独立した文章として書かれたので、本書には必ずしも全体を通した一貫性や統一性があるわけではない。あるとすれば、それは一人の政治学者が二〇〇〇年代以降、政治の何に関心をもち、どう考えたかをたどる、パーソナルな思索の軌跡にすぎない。ただ、まったく脈絡がないわけでもなく、四部構成になっていることが示唆するように、大まかには私の最近の関心がこれら四つほどのテーマに集まっていた、ということは確かである。読者のみなさまも、ご自身の関心があるところから拾い読みしていっていただければ幸いである。

それにしても、（私のような）日本人の研究者が、日本語で、日本の政治について語ることに、いまどのような意義があるのか。実は、この問いは、深遠かつ深刻な問題を提起している。本論へ入る前に、このことについて少し触れておかなければならない。

「政治学は科学ですか」

話は、まだ私が修行の身、スタンフォード大学の院生だった一九九一年にさかのぼる。私はサンフランシスコで開催された東アジアの安全保障に関する国際会議に、オブザーバーとして招かれた。それは、政策に直接関わる人々（外交・防衛に関係する官僚など）に、学者やシンクタンクの専門家たちも交えて対話と協力のチャネルを増やすことを目的とする、いわゆる「トラック・ツー」の会議であった。その会議に、日本からは故佐藤誠三郎先生がいらっしゃっていた。一日の長い討議が終わり、ビュッフェスタイルの夕食レセプションとなったとき、食べ物を取っていた佐藤先生とたまたま目があったので、私はご挨拶をする光栄に恵まれた。

佐藤先生は、スタンフォードでどういう研究をしているのかと訊ねられた。そこで、私は、当時アメリカの政治学を席巻していた「合理的選択」理論に基づき、データや仮説検証をふまえて科学的に日本政治を分析しようとしています、と説明した。すると、先生は間髪を入れず、次のようにおっしゃったのである。

「政治学は科学ですか」

私は、この言葉に面喰らった。そこには疑いなく、「政治学が科学であるわけない」という響きが込められていたからである。そして、それは、私にとっては意外でもあった。

そもそも私が佐藤先生のことを知ったのは、一九八六年に（奇しくも本書と同じく）中央公論社から公刊された『自民党政権』という本の著者（の一人）としてであった。この本は、日本人による自民党政治についての研究としては画期的で、自民党の党内運営や政策決定についてさまざまなデータを集め、私からするとまさに科学的な日本政治分析の先駆けの一つとして位置づけられていたからである。私が執筆中であった博士論文（のちにPrinceton University Pressから出版された）も、それに大きく影響を受けていた。その佐藤先生が、なぜ政治学は科学ではないとこだわるのか、混乱した。

冷や汗が滴り落ちる中、私はその場で反論すべきかどうかも、迷った。しかし、初対面にもかかわらず、しかも「駆け出し」を相手にしているにもかかわらず、どうみてもこの方は真摯に正面から議論をふっかけている。だったら、学者としての経歴に圧倒的な差があるとはいえ、こちらも真摯に思ったまま応じることこそ、礼儀にかなっているのではないか、そう考えた。そして、そのレセプションでの二人だけの立ち話、いや論争は、なんと三〇分以上も続いたのである。

正直いうと、私は気が動転したので、その時お互いがどのような主張をぶつけあったのか、覚えていない。しかし、「政治学は科学ですか」という言葉は、その後自分自身が政治学者としてのキャリアを重ねていく中で、一日たりとも忘れたことがなかった。

この日の出来事を振り返るとき、私には会議の席上での佐藤先生の姿も鮮明に目に焼き付いている。中国からの参加者が中国共産党の公式見解に沿った無意味な発言（演説）を繰り返していると、佐藤先生は必ずさっと手を挙げて、その一つ一つに反論しておられた。先生の姿は、小さな身体に国益を背負い、自分が発言しなければ誰が日本のために発言するのかという気概に満ちていた。その一挙一動の圧倒的な印象が、「政治学は科学ですか」という言葉に重みを加えた。

私は、客観的で非党派的立場から政治を分析することの大切さをさんざん叩き込まれ、そのことを肝に銘じながら、研究者としての道を歩んできた。しかし、心のどこかで、いつも政治学という学問は、「観察者」になりきるだけでなく、どこかで「当事者」として政治の実践とつながっていなければならないのではないか、とずっと思ってきた。国際的に認められる科学としての政治分析を標榜する一方で、自分が暮らしている日本の政治や外交を分析の対象としてきたのは、そのためでもある。

現実の日本政治について、こうあるべきだと提言したいわけではない。それは主権者たる国民が決めることである。ただ、メディアに登場するコメンテーターや評論家たちが、なんの根拠もなく、また政治学の常識からすると明らかに間違った解説を平気で述べていることに対しては、「プロ」としてチェックの目を働かせ、時には憤りを感じて彼らを批判し、学生たちに対してはそうした素人たちの誤りを見抜くリタラシーを高めよ、と教育する。それが、社会の中で自分が与えられた使命であろうと自覚し、それを実践してきた。

学問として消えゆく日本政治分析？

この意味においては、日本政治について日本の読者を念頭において書かれた本書は、私のキャリアの集大成的な論文集と位置づけられる。とくに、本書の前半には、最近政治学に取り入れられるようになった実験的手法を用いた研究成果のいくつかを収録しているが、それは、こうした新しい分析手法が日本政治の現実を理解し解釈するときにも役立つことを、一般に紹介したかったからである。読者のみなさまには、そこで得られる知見や含意が、メディアでふだん語られる政治についてのコメントや評論とどう異なるかを、読み取っていただきたいと思う。

さて、しかし、学術的に一定の水準を保ちながら日本政治を研究すること、科学として日本政治を分析することは、日に日に困難になりつつある。本書のような論文集が公刊されることは、一〇年後、二〇年後には不可能となるかもしれないとさえ、私は危惧している。その原因として、主に二つのことを指摘できる。

第一は、政治学、あるいは広く社会科学全般において、理論や方法の精緻化が近年飛躍的に進展しつつあることである。政治を客観的に分析するためのツール（用具立て）がますます厳密になっていくこと自体は、歓迎すべきであるに違いない。しかし、理論や方法が発達することによって、それらに「なじまない」現象や事件が分析対象から淘汰されていくのであるならば、ツールの高度化は取り返しのつかない研究上のバイアスをもたらす可能性もある。

たとえば、一般の人々の政治関心は、過去の出来事よりも現時点での政権や政治状況あるいは同時代の政策や対外関係に向けられると思われる。ところが、現在進行形で起こっている現象や事件は、分析に資するデータが公開されていなかったり、まだ整理されていないことも多い。したがって、それらを厳密な科学的分析の対象としようとすると、研究者は大きなハンディキャップを抱えこむことになる。それは、厳密に科学的であろうとする真っ当な研究者ほど、現実の政治を分析する作業を敬遠しがちになる、という悲しむべき状況を生んでいる。

第二に、前記とも関連するが、政治分析の精緻化は、研究を発表する媒体、すなわち学術雑誌などの序列化を進展させている。こうしたハイラーキーのトップには、アメリカやイギリスを拠点とするいくつかの英語のジャーナルが君臨している。もちろん、序列化が進み、学術的評価が標準化されていくこと自体は、必ずしも悪いことではない。問題は、そうした序列化が、現代日本政治を専門とする政治学者の居場所を著しく狭くしているということである。なぜなら、そうした序列化の中で主流を占める欧米の政治学者たちは、そもそも日本政治にそれほど興味をもっていない。加えて、科学としての政治学の発展に対して、日本政治の分析からしかできない寄与というものは、およそ考えられないからである。

結果として、英語のトップレベルのジャーナルで日本政治についての分析が掲載されることは、現在ではきわめて稀になった。最先端を目指す優秀な研究者ほど、（たとえ日本人であっても）理論や方法の精緻化という形での学術的貢献を目指すようになり、現実の日本政治そのものの分析から遠ざかるインセンティヴが形成されつつあるのである。

このことは、さらなる悪循環として、日本政治研究が、日本以外の場所でどんどん先細っているという状況を生んでいる。わかりやすいのは、北米の大学における日本政治を専門とする研究者の処遇の変化であろう。かつてアメリカやカナダの代表的な大学では、政治学部の授業として日本政治論の講座があり、担当のテニュア（常勤で永久就職権をもつ）教員が雇用されていた。しかし、ある時期から、前任者が退官しても日本政治だけを専門とする職の補充が行われないことが多くなり、結果として日本政治論という授業そのものが提供されない大学も増えてきている。もちろん、国際関係論や比較政治学の一環として、授業の中で日本が例として取り上げられることはある。しかし、学部においても、大学院レベルでも、専門分野の一つとしての日本政治研究は衰退の一途をたどっているのである。

一〇年ほど前に、文学者水村美苗は、英語が世界の普遍語となる中で日本文学が消滅していく危機を『日本語が亡びるとき』（筑摩書房、二〇〇八年）で訴え、憂いた。今、夏目漱石ほどの聡明な人がいたら、はたして日本語で小説を書くか、と。いや、そもそも日本語を読もうとするだろうか、と。まったくパラレルな状況が、日本政治研究にも起こりうる。いや、文学よりも早く、その危機がすでに訪れているのではないか、というのが私の危惧である。

本書の意義

一人の日本人研究者が、日本語で、日本の読者を念頭において政治について語ること。それは、科学的営為であろうとすることと現実政治とつながりをもちたいとすることとのあいだで、現時点でかろうじて保たれるバランスを少しでも将来に先延ばそうとする試みでもある。そのような作業が、しだいに難しくなっていることを自覚しつつ、本書では、最先端の政治学および社会科学の学術的知見を現実の政治や社会の理解にどう生かしていくかを、また単に「象牙の塔」の中の言葉ではなく生きたメッセージとして、そうした分析をいかに発信していくかを、模索していきたい。

政治を科学することは可能か

目次

Ⅲ　正義についての思考およびサーベイ実験

政治を科学することは可能か

Ⅰ　もう一つの安倍政権論

第I部は、二〇一二年十二月に返り咲いてから長期にわたり存続している安倍晋三政権の政治を論じる三つの章で構成されている。第一章と第二章はともに二〇一七年に公刊した論文をほぼもとのまま再録したものであり、第三章は本書のために新たに書き下ろした小文である。

政治学者にとって、同時代にまさに現在進行形で展開している政治を分析することほどリスキーな作業はない。政権の中枢に入り、政府と野党の駆け引きや政策が作られる現場を直接また詳細に観察することは、およそ不可能である。何をどう論じても、内部にいる者からは、「何も事情を知らないくせに」という冷ややかな目で見られることを覚悟しなければならない。

しかし、ここではあえて「もう一つの安倍政権論」と題し、現代日本政治のいくつかの重要な断面を検証していきたい。「もう一つの」という言葉は、「これまでの」あるいは「従来からの」安倍政権論とは違う論考を目指すという筆者の思いを表しているが、ここにはとくに三つの意味が込められている。

第一に、民主主義国の政治分析は、エリートとマス、すなわち政党や政治家（あるいは官僚など）のレベルと一般の有権者のレベルの両方からアプローチされなければならないが、ここで提示するのは後者からの安倍政権論である。安倍政権に関しては、その政権運営や権力基盤について、すでにあまたの論考がある。ここでは、そうしたエリート側からの考察とは一線を画し、民主主義のもう一方の当事者である一般の有権者から政治を見上げる視線を貫く。安倍政権が世論の動向によってどう支えられ、またどう制約されているのかを明らかにすることが、ここでの目的である。

第二に、日本のメディアなどで政治が語られるとき、往々にしてエヴィデンスを示さないままの印象論、あるいはロジックが欠如した単なる評論に終始するきらいがある。ここではそれらと訣別し、科学的営為として体系的に集めたデータを分析し、説得力ある解釈を提示することを試みる。

第三に、とりわけ安倍政権の政治をめぐっては、自身の価値判断に基づき、一方的な称賛もしくは一方的な批判に満ちた評価や診断がなされることが多い。ここでは、そうした党派的言説のどちらにも与することなく、あくまで価値中立的な観点から学術的検証を貫くことにこだわる。そして安倍政権の政治を客観的に位置づけ、その特徴や意義を理解することに努める。

第一章　なぜ安倍内閣の支持率は復活するのか

安倍晋三政権に対する有権者の評価は、一時的に大きく落ち込むことがあってもその都度回復するというパターンを、これまで一貫して繰り返してきた。結果として比較的高い水準で内閣支持率が維持され、そのことが政権の長期化に寄与してきたのは間違いないと思われる。たとえば、二〇一七年の春先からは、いわゆる「森友・加計問題」や閣僚の失言・不祥事などの影響で、どのメディアの世論調査を見ても「支持しない」と評価する人々の割合が増え、安倍内閣は一時「死に体」と揶揄されることさえあった。ところが、夏の終わりあたりからは回復の兆しを見せるようになり、九月に開かれた臨時国会の冒頭で安倍首相が衆議院解散・総選挙に打って出たのも、下降し続けていた内閣支持率が上昇へと反転したことがその要因として強く働いたのではないか、と推察される。

一つの内閣のもとで支持率が下がっても持ち直すという動向は、これまでの経験則に反し、現下の安倍政権に特有の現象である。戦後の歴代内閣支持率は、発足当初が最も高く、経過月数を重ねるうちに低迷するようになる、というのが一般的な傾向だからである。もっとも、安倍内閣の場合も、初期に比べれば支持の水準は低くなっているので、その意味ではまったくの例外とはいい切れない。しかし、支持と不支持との割合が逆転するような危機的状況が起こっても、そのままジリ貧へと陥ることなく、しかも一度ならず数度にわたって支持率を粘り強く回復させてきたというパターンは、きわめて異例だといわねばならない。

なぜ安倍内閣の支持率は復活するのか。筆者は、このメカニズムの解明こそ、現代の日本政治を理解する上で一つの重要な鍵を提供すると考える。本章では、まず大手報道機関による世論調査の結果などに基づいて、安倍内閣に対する評価の変遷を精査し、その基本的な特徴を整理して提示する。続いて、既存の解釈や仮説を批判的に検証した後、筆者が参加した日米共同研究の一環として行われた学術的な世論調査のデータを用いて、安倍内閣支持率復活のパズルを解き明かしていく。最後に、本章の分析から得られる知見とその含意について広く論じ、今後の日本政治の展望を描いてみたい。

安倍内閣に対する評価の変遷と特徴

はじめに、安倍政権に対する有権者の評価がどのように変遷してきたかを、誰でも手に入れることができるデータを用いて確認しておこう。図1－1は、第二次安倍内閣が発足した二〇一二年十二月から一七年八月まで、『読売新聞』が毎月行っている定例の世論調査の結果をまとめたグラフである。ただし、折れ線が表しているのは、内閣支持率そのものではなく、支持率から不支持率を引いた数字を時系列に結んだものである。以下、この指標を（故石川真澄氏にならい）「信任度」と呼ぶことにしたい。[註1] 支持率でなく信任度に着目するのは、たとえば国論を二分するような政策が争点化したときには、支持する人と支持し

図1-1　安倍内閣に対する評価の推移

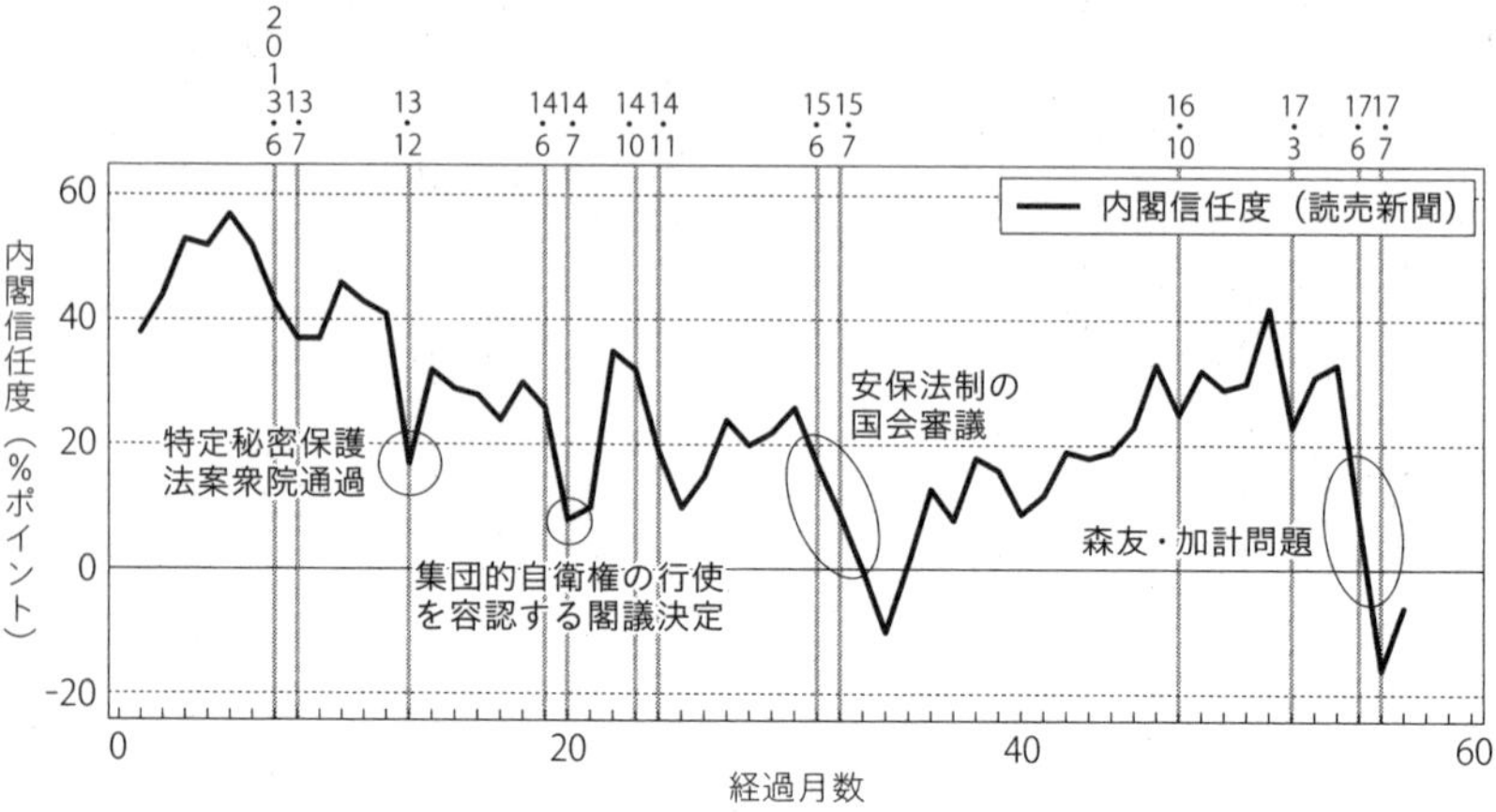

ない人の双方の割合が増加するということが論理的に起こりうるからである。その理由は、通常の世論調査では「あなたは○○内閣を支持しますか、支持しませんか」という質問に対し、回答肢として「わからない」や「答え（たく）ない」という第三の態度保留カテゴリーが存在するからにほかならない。

図中に縦の線を引いてあるのは、ベイズ推定という手法に則って、前月から当該月への信任度の下落が、誤差の範囲を超える明白な変化とみなせる場合を示している（同じように明白な変化とみなせる上昇があった場合も特定できるが、煩雑になるので示していない）。

この図は、安倍内閣に対する評価の変遷とその特徴について、興味深いポイントをいくつも示唆していると思われる。ここでは、とくに重要だと思われる四点を整理しておきたい。

第一には、安倍内閣はこれまでに何度も、しかもかなり顕著に、その信任度を低下させた経験があることが、この図から明らかである。同時に、その都度下落分を補うか、もしくはそれ以上に信任度が回復してきた様子も、この図から確認できる。本章の冒頭で述べたように、安倍政権に対する有権者の評価は、こうした下落と回復のパターンをずっと繰り返して現在に至っている、といえる。

第二に、安倍内閣に対する有権者の信任の一時的下落は、集団的自衛権や特定秘密保護など、論争性の高いイシューが国会内外で議論されたり、そうしたイシューに関連する政府決定や法案成立がなされたりするタイミングと呼応して起こることが多かった、と見受けられる。図には、そうした関連性が明らかに推測できる政治的な事象や事件のいくつかを、特記している。

第三に、そうした政治イベントの中でも、とくに重大な危機となったのが、二〇一五年の安保法制論争と二〇一七年のいわゆる森友・加計問題だったことを、この図はよく物語っている。とくに前者では、安倍首相が自らの信念に基づき掲げた重要政策を推進したにもかかわらず、そのことで大きな打撃を受け、発足してから初めて内閣信任度の数値がマイナスとなる事態に直面した。しかし、繰り返すが、この危機ですら、安倍政権は乗り切った。より正確にいうと、図1－1によれば、信任度は安保法制が成立した九月を底にして反転し、ほぼ順調に回復していった。森友・加計騒動後の動向についても、すでに述べたように、その後の調査では支持率が不支持率を上回るようになってきている。

第四に、二〇一五年の安保法制をめぐる政治過程は、もう一つ別の意味でも、安倍政権の命運を左右した重要な転機であったことが浮き彫りになる。この点は、短期の変動でなく、長期的趨勢を捉えるデータとして、図1－1をながめ直すと明らかとなる。すなわち、この図に描かれている内閣評価の動向は（森友・加計問題が顕在化するまでは）対照的な二つの時期に大きく分けることができ、政権発足から安法法制が成立するまでは右肩下がりの線が、そしてそれ以降は右肩上がりの線が引けるかのように、信任度が推移していることが確認できる。安倍政権にとって安保法制を成立させたことは、一時的には大きく評価を低下させた政治イベントであったが、長期的視点からすれば有権者の信任度を文字通り底上げしていく重大な分水嶺となった、といえるのである。

以上、安倍内閣に対する評価の変遷とその特徴を抽出してみた。ただ、ここで提示した整理や解釈に対しては、あくまで『読売新聞』という特定のメディアが実施した世論調査の結果に依存しており、一般的でも価値中立的でもない、との疑義が付されるかもしれない。そこで念のため、筆者は『朝日新聞』『日本経済新聞』『産経新聞』という他の三つの全国紙でも、定例の世論調査データに基づいて同じ作業を繰り返してみることにした（ただし紙幅の関係でそれらの結果は提示しない）。

すると、信任度の具体的な数値（水準）や、どの月に前月と比べて疑いの余地のない顕著な下落が起こったかといった詳細については、たしかに新聞ごとに違いがみられたものの、信任度がいったん下落してもその都度回復するという点、さらには安保法制をめぐる論争や審議の時期に大きく落ち込み、その後上昇に転じたという点に関しては、どの新聞の世論調査に基づいてもパターンに違いがないことが確認された。それゆえ、図1－1に描かれた軌跡は、安倍内閣に対する有権者の評価の推移を的確に捉えており、少なくともその基本的特徴を抽出する根拠としては十分妥当であると判断して差しつかえないであろう。

既存の枠組みで説明できない不可解さ

さて、前節において整理した安倍政権に対する世論の変遷を、われわれはどのような枠組みで考え、理解すればよいのであろうか。下落と回復を何度も繰り返す信任度の短期的変動が、過去の経験則に反している点は、すでに指摘した通りである。しかし、それ以上に、安倍政権に対する評価の推移は、より根本的ないし本質的に不可解であり、実はその動向について首尾一貫した説明をつけるのはそう簡単ではない。

一般に、安倍内閣に対して表明される積極的な支持は、その中核において保守寄りの人々、もしくは保守でなくとも、左派やリベラル勢力に厳しく批判的な人々によって下支えされていると考えられている。かつての岸信介政権や中曽根康弘政権時代と比べても、保守的な支持者に対する求心力はより強く、またより広汎に働いているようにみえる。しかし、こうしたイデオロギー対立の枠組みだけからでは、一つの単純な疑問を見過ごしてしまうことになりかねない。それは、なぜ安倍内閣の信任度は、（森友・加計問題はさておき）集団的自衛権や特定秘密保護など、論争的なイシューが議論されたり関連法案が成立したりするたびに、一時的にではあれ、あれほど顕著に低下するのか、という疑問である。

他国の例では、安全保障や治安秩序といった外交・防衛に関するイシューが争点化すると、短期的に自国のリーダーに対する評価が高まるという現象が広く観察されている。政治や国際関係を専門とする研究者たちのあいだでは、こうした現象は「旗下集結効果（Rally-'Round-the-Flag Effect）」として知られている。[註2]このことを念頭におけば、日本でも、図1－1に描かれた実際の推移とはまったく逆に、対外的な安全保障や国内の治安維持を強化する法案の審議・成立がそのような効果を生んで、むしろ安倍政権への追い風を起こす可能性もあったはずである。なぜ安倍政権のもとでは、その中核的支持層と位置づけられる人々に最も受けの良い（はずの）主張や政策を展開するときほど、かえって信任度が下がる「逆ラリー」現象が起こるのか。そのメカニズムは、けっして自明ではない。

もちろん、論争的なイシューの顕在化は、保守の側だけでなく、安倍政権の政策にもともと批判的な左派やリベラル勢力を活性化させる、という仮説も成り立つ。だから、それにともなって、安倍内閣の信任度が落ち込むのはなんら不思議でないという解釈もあるかもしれない。しかし、この解釈には、明らかに無理がある。

たしかに、特定秘密保護や集団的自衛権をめぐる論争が先鋭化した際、他の選択肢がない中で仕方なく安倍支持に回っていた有権者がついに離反していった、という可能性は否定できない。だが、いったん離反したそのような人々は、なぜ、あるいはいったい何を契機として、再び安倍支持へと回帰していくのだろうか。左派リベラル活性化仮説とでもいうべきこの解釈がもし正しいならば、そうした有権者の怒りや批判は蓄積されることがなく、その都度繰り返しリセットされている、ということになる。そのようなことが本当に起こっているとは、どうしても想像しがたい。

もう一つ、まったく別の観点に依拠する仮説の妥当性も検討しておこう。前節で提示した筆者の整理では、世論調査に反映される内閣支持・不支持の動向が政治的な事象や事件を原因として決定づけられていることを前提としていた。しかし、こと安倍政権に関しては、多くの有権者は経済政策である「アベノミクス」の成果を何より重視しているという見方が、(たとえば一部のエコノミストたちのあいだに)根強くある。この観点からすれば、内閣に対する信任度の推移は、イデオロギー性の高い政治イベントよりも、その時々の経済動向から影響を受けているのではないか、という解釈もありうる。

しかし、こうした経済の影響を重んじる説明には、およそ実証的な根拠を見出すことができない。筆者は、この説の妥当性を確かめるべく、いくつもの経済指標と安倍内閣への評価との関連性を調べてみた。そうした中から、図1-2は、有効求人倍率と東証株価指数(TOPIX、三〇日移動平均)の時系列データを、内閣信任度と合わせてプロットしたものである(ここでは読売と前述三紙の世論調査の結果から計算した〔四社の〕平均信任度を用いている)。

ご覧の通り、二つの経済指標と有権者の内閣評価の推移とのあいだには、相関関係は見出せない。有効求人倍率については、安倍内閣のもとでは一貫して改善しているので、下落と回復の短期的変動を繰り返

図1-2　内閣信任度と経済指標

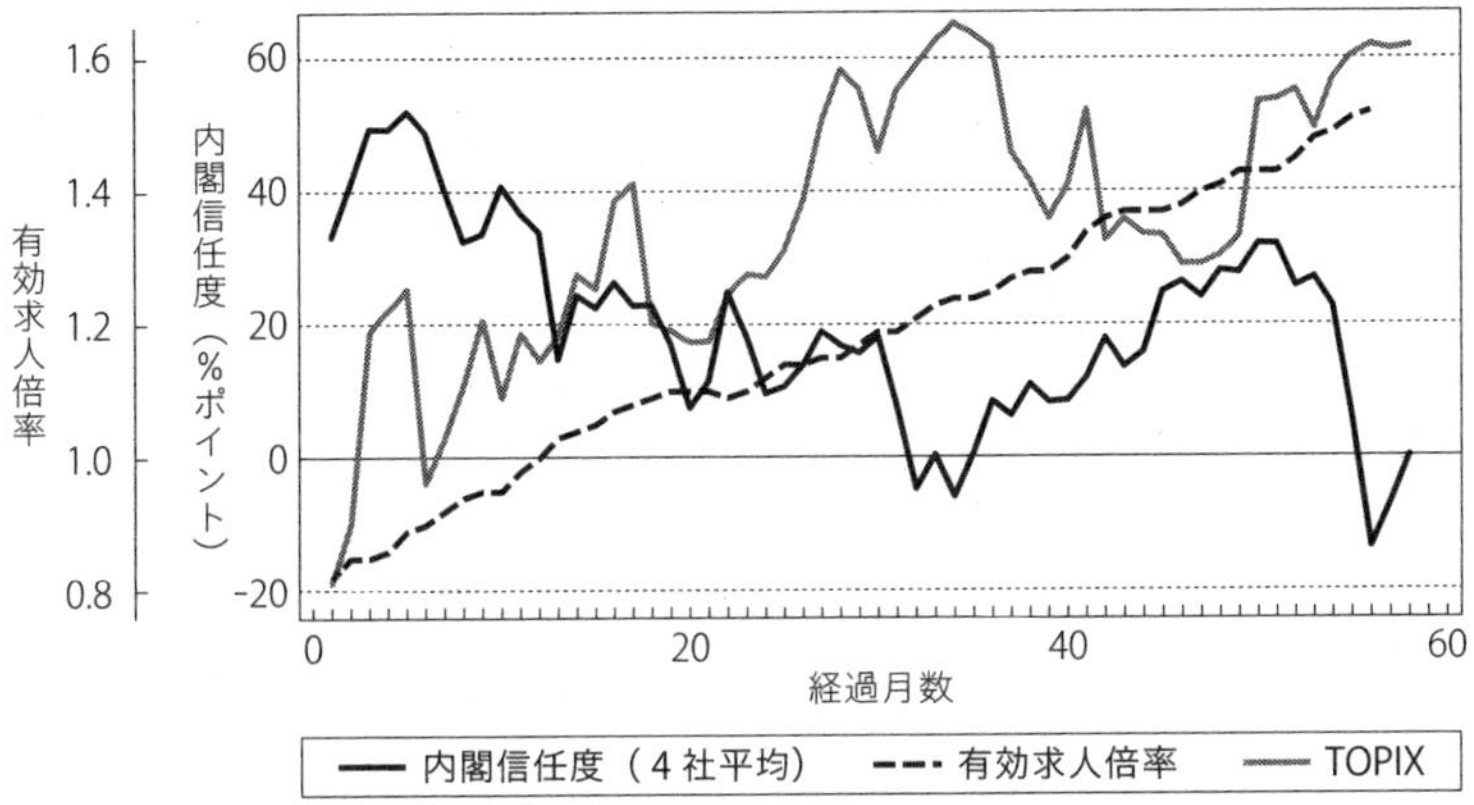

す内閣信任度がその影響を受けていると考えることはできない。一方、TOPIXについては、発足後数ヵ月のあいだは信任度と連動しているようにも見えるが、それ以降は両者の関係におよそ一定したパターンはない。とりわけ安保法制が審議されていた二〇一五年の夏には、安倍内閣に対する不支持が支持を上回ろうとする中、株価はむしろ高騰している。筆者はほかにも、失業率、物価、日銀短観などの経済変数も調べてみたが、どれについても関連性は見出せなかった。

　こうした検証をふまえると、確証するデータが不在のまま、なおアベノミクスの成果こそが安倍内閣への比較的高い評価を決定づけているはずだと主張することは難しい。そのような主張は、もはや反証不可能な（つまり科学的言明としては致命的な）議論を展開している、といわざるをえないであろう。筆者は、経済が政治に影響を与えないなどと断じるつもりはない。安倍内閣のもとで推進されている経済政策とその成果が、人々の意識のどこかで、安倍政権への評価を左右する要因となっている可能性は、否定できない。しかし、安倍内閣への信任が短期的な下落と回復を繰り返すことの意味、加えて安保法制がその長期的トレンドの分水嶺となったことの意味を理解しようとする上では、経済影響説はほとんど有効性や説得力をもたないのである。

以上論じてきたように、安倍内閣に対する有権者の評価の動向は、既存の枠組みや仮説からではうまく説明のつかない、難解なパズルを提供している。このパズルを解くためには、安倍内閣に対する支持・不支持の態度が決定されるメカニズムを、より直接的な形で検証していく分析が必要とされているのである。

安保法制は内閣評価にどう影響したか

筆者は、二〇一五年から一六年にかけて、戦後日本の安全保障政策が大きく転換することを見据えて企画された日米共同研究に参加し、スタンフォード大学のマイケル・トムズ教授とともに学術的な世論調査を数次にわたって実施した。[註3]その中でも、二〇一五年の十一月から十二月にかけて実施した調査には、本稿のテーマと密接に関わる質問項目が含まれており、以下ではこの調査結果から得られたデータをもとに分析を進めていく。具体的には、この調査は日経リサーチ社の協力を得てウェブを通して実施され、三六〇〇人ほどの日本人（二十～六十九歳の男女）から回答を得た。調査のタイミングは、集団的自衛権を認める新しい安全保障関連法案が成立してから二ヵ月ほどが過ぎ、落ち込んでいた安倍内閣の支持率がちょうど回復し始めていた時期に当たる。

この調査では、回答者全員に対して、安倍内閣に対する支持・不支持についての質問と、新しい安保法制についていくつかの質問をした。そこで、手始めに、安倍内閣に対する評価と安保法制に対する賛否のあいだに、どのような関連性があるかを、クロス表で集計してみよう（表1-1）。

この表によれば、安倍内閣への支持（不支持）と安保法制への賛成（反対）とのあいだには、予想通り高い相関があることがわかる。ただ正確には、相関係数は、どちらの項目についても態度を表明している回答者だけに絞ると〇・七八三六と高いが、サンプル全体では〇・三八八七である。この違いは、「わからない」や「答え（たく）ない」などの態度保留の回答肢が重要な意味をもつことを暗示している。さらに、安倍支持・不支持と安保法制への賛否とでは、態度を保留する人々の割合に開きがあることがわかる。すなわち、安倍内閣に対する態度を保留する人は四六八人（＝一三％）で、安保法制について態度を保留する一一七七人（＝三三％）より、はるかに少ない。これは、安倍内閣に対する態度についてのほうが、安保法制への賛否についてよりも、回答者にとって答えやすい質問であるということを意味する。もっとも、この違いはあらかじめ十分想定されうる傾向だといえよう。

表1-1　安保法制への賛否と安倍内閣評価

（人）

	安保法制賛成	安保法制反対	態度保留	計
安倍支持	933	113	413	1459
安倍不支持	130	1078	452	1660
態度保留	58	98	312	468
計	1121	1289	1177	3587

表1－1では、サンプル全体の回答分布を一律にまとめた結果として提示している。しかし、実は、筆者らが実際に行った調査では、回答者はあらかじめ無作為に二つのグループに分けられ、それぞれ異なる手順で質問に回答するような工夫が施されていた。具体的には、与えられた個々の質問文や回答肢はまったく同一ながら、二つのグループには、安倍内閣についての質問と安保法制に関する一連の質問の順番を逆にした質問票に従ってそれぞれ回答してもらうようにしたのである（表1－2）。

この工夫を施した意図は、以下の通りである。表1－2からわかるように、グループAに割り当てられた回答者は、調査全体を通して最初に安倍内閣に対する支持・不支持を訊ねられているので、この質問に対しては（ふだんからもっている意見や認識以外に）なんの予断もなく回答したと想定できる。これに対して、

表1-2　質問の順番の違い

グループA	
1問目	現在の安倍内閣を支持しますか、それとも支持しませんか。
2問目	安倍内閣が成立させた安全保障関連法に、賛成ですか、反対ですか。
3問目	成立した安全保障関連法は、憲法に違反していると思いますか、思いませんか。
グループB	
1問目	安倍内閣が成立させた安全保障関連法に、賛成ですか、反対ですか。
2問目	成立した安全保障関連法は、憲法に違反していると思いますか、思いませんか。
3問目	現在の安倍内閣を支持しますか、それとも支持しませんか。

グループBに割り当てられた回答者は、二ヵ月ほど前に成立した安全保障関連法を強制的に想起させられた後で、安倍内閣に対する態度を表明していたことになる。つまり、このサンプル分割は、きわめて単純ではあるが、世論調査に実験的要素を組み込んだことを意味し、実験刺激として与えた処置の効果を測ることを試みたのである。この場合の処置とは、安保法制問題による「プライミング」、すなわち安保法制をめぐる態度表明を先行させ、回答者の意識をその問題に向けさせること、である。

もし実験刺激にまったく効果がないならば、グループA（統制群）とグループB（処置群）とのあいだで、回答の分布に差が出ることはない。ちなみに近年の政治学研究でははるかに複雑な実験デザインが用いられるようになっており、単に質問の順番を入れ替えるだけの操作は、実験刺激としては非常に弱いものであるが、それでも筆者らは、安保法制問題によるこのプライミングは効果をもつと考えた（しかも、もしこのデザインでさえ効果が確認されるなら、さらに手の込んだ実験刺激を組み込めば効果は間違いなく出るはずだ、ということになる）。なぜなら、上述の通り、安倍内閣の信任度が論争性の高い政治イベントを契機として短期的に低下することは、すでに何度も経験されていたからである。いうまでもなく、安保法制の審議から成立へと至る現実の政治過程を再現し、回答者たちにもう一度それを経験してもらうことは不可能である。しかし、グループBの回答者に安保法制を意識させる状況を強制することは、擬似的にではあるが、そのような政治イベントを実験環境の中で再現することにほかならない。そのような環境に置かれた回答者たちは、そうでない（グループAの）回答者たちと比べ、安倍内閣を支持しない傾向、もしくは支持することをためらう傾向をより強くもつのではないか、と考えたのである。

この実験結果は、図1-3にまとめられる。それによると、安倍内閣に対する評価が、二つの回答者グループのあいだで異なる分布となっていることがうかがえる。安倍内閣を支持しないという人々の割合は、両グループ間で明確な差がない。しかし、安保法制のプライミングを受けたグループBにおいて安倍内閣を支持すると回答した人の割合は、グループAよりも低い。そして、その分、態度を保留する人の割合が、グループBでは高くなっている。イデオロギー的に論争性の高い安保法制のような政治イベントが、安倍内閣への評価を低下させる方向で一定の効果をもつことが、この単純な実験によって追認されたのである。

図1-3　安保法制によるプライミング効果

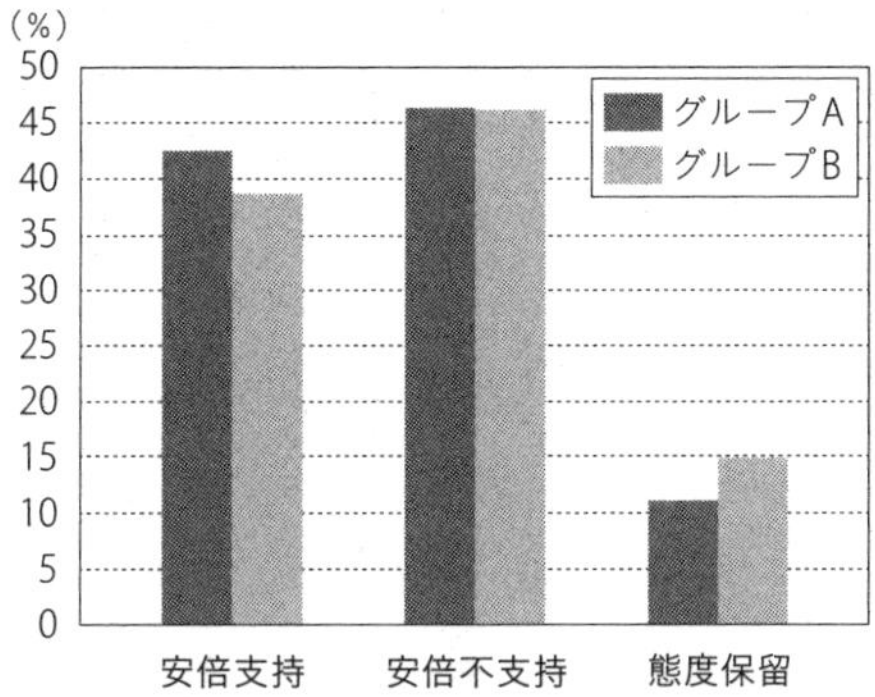

安倍支持復活というパズルの解明

さて、以上の実験では、筆者らの予測に即した結果が得られたことになるが、それはいってみれば、うまくパズルを用意できたというスタート地点に立っただけにすぎない。政治イベントが安倍内閣の評価を下げることが再現されたとして、ではいったい、どのような属性や政治的態度をもつ有権者が態度変化の主役を演じているのだろうか。パズルを解明する作業は、まさにここから始まらなければならない。

筆者らが行った調査では、性別、年齢、所得、学歴など、回答者の社会的属性に関してのスタンダードな質問項目を網羅して訊ねた。しかし、こうした一般的な属性を一つ一つ取り上げて、それらがグループ間で観察された内閣評価の違いにどのような影響を及ぼすかを推定できたとしても、そうした分析からはさして重要な含意を読み取ることはできないと思われる。それよりはるかに興味深いのは、安保法制自体についての意見の違いが、実験刺激であるプライミング効果と織りなす相互作用のパターンであろう。ここに焦点を当てれば、内閣評価を短期的に押し下げている主役が、安保法制に対して肯定的な意見をもつ保守的な有権者なのか、それとも否定的な意見をもつ左派やリベラルな有権者なのかを、明らかにすることができるはずである。

図1-4(A)に示したのは、回答者を安保法制賛成派と安保法制反対派とに分けた上で、順序ロジットという分析手法を用いて、回答者がグループBへ割り当てられると、グループAに割り当てられた場合に比べて内閣評価をどう変化させるかを推定した結果である。効果0の地点に縦に引かれている線は、プライミングされていないグループAの回答をいわばベースラインとして表している。一方、図の中に散らばっている各点は、プライミングされたグループBへの割り当てがもつ効果の推定値(およびその九五%の信頼区間)を表しており、支持、態度保留、不支持という三つの回答肢カテゴリーごとに、それぞれ右へ行けば、(Bへの割り当てによって)当該カテゴリーを選ぶ傾向が増え、左へ行けばその傾向が減る、ということを意味している。したがって、後者の推定値が前者のベースラインから(推定区間が重ならないように)離れるほど、効果が大きく推定されたということになる。[註4]

この図によれば、安保法制にもともと否定的な回答者たちについては、グループBに割り当てられても、グループAのベースラインからそれほど乖離しないので、安倍内閣評価の態度の決定におよそ影響を及ぼさないことが明らかである。こうした回答者たちは、どちらかといえば左派、もしくはリベラルな有権者を代表していると考えてよいであろう。彼らの安倍内閣に対する態度は、安保法制問題とは無関係に、というよりは安保法制問題をあらためて問われるまでもなく、すでに揺るぎなく確立されているのである。

図1-4（A） 推定効果の比較Ⅰ：
安保法制賛成派と安保法制反対派

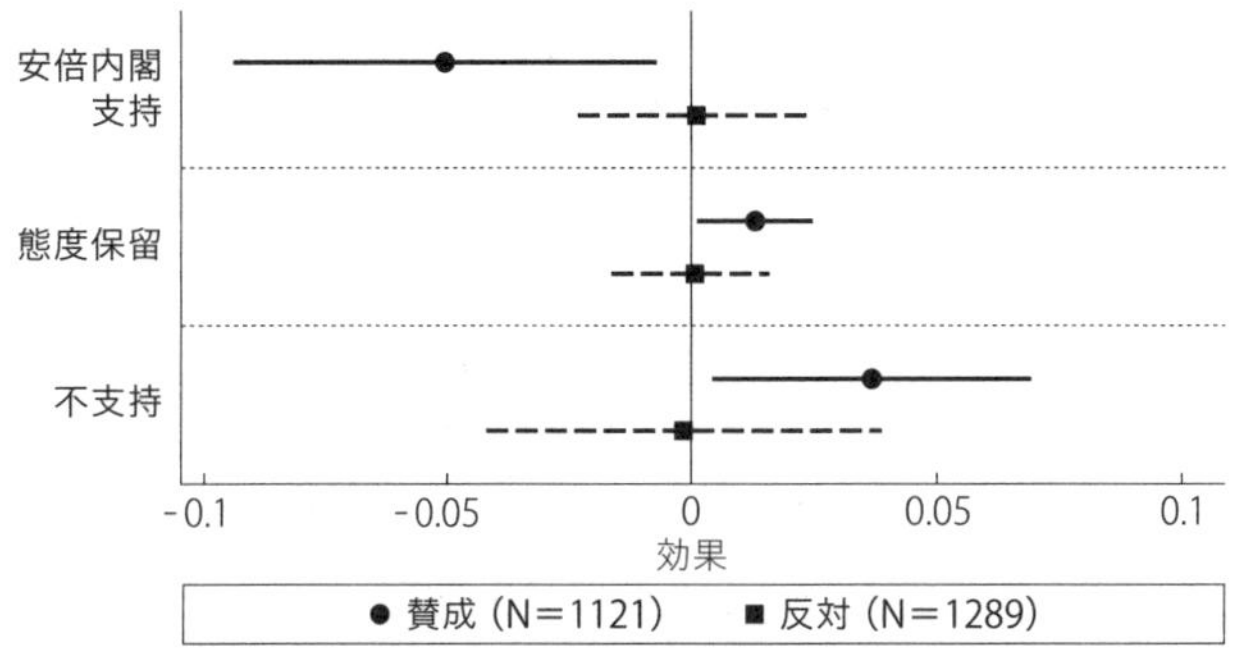

これに対して、安保法制に肯定的な回答者たちについては、グループBへの割り当てが、支持を減少させ、態度保留および不支持を増やす効果を（統計的に有意に）生じさせることが示されている。彼らは、どちらかといえば保守的と類別できる有権者であろう。彼らこそ、安倍政権下で短期的な内閣評価の低下をもたらしている主役である。そして、そのことが、この実験を通した分析によって、初めて実証的根拠をもって示されたといえる。

さて、分析をもう一歩先へ進めよう。なぜ安保法制にもともと賛成である人たちが、安保法制を想起させられると安倍支持の表明をためらうようになるのだろうか。安保法制問題によるプライミング操作は、この法制の内容だけでなく、法制をめぐる政治過程のさまざまな側面への意識を高めることになると考えられる。たとえば、日本の抑止力を高め国益にかなうとして安保法制の内容を支持したとしても、安倍首相の政治手法や国会での審議の進め方を快く思わなかった、という可能性は大いにありうるだろう。

**図1-4(B)　推定効果の比較Ⅱ：
安保法制賛成・合憲派と安保法制賛成・違憲派**

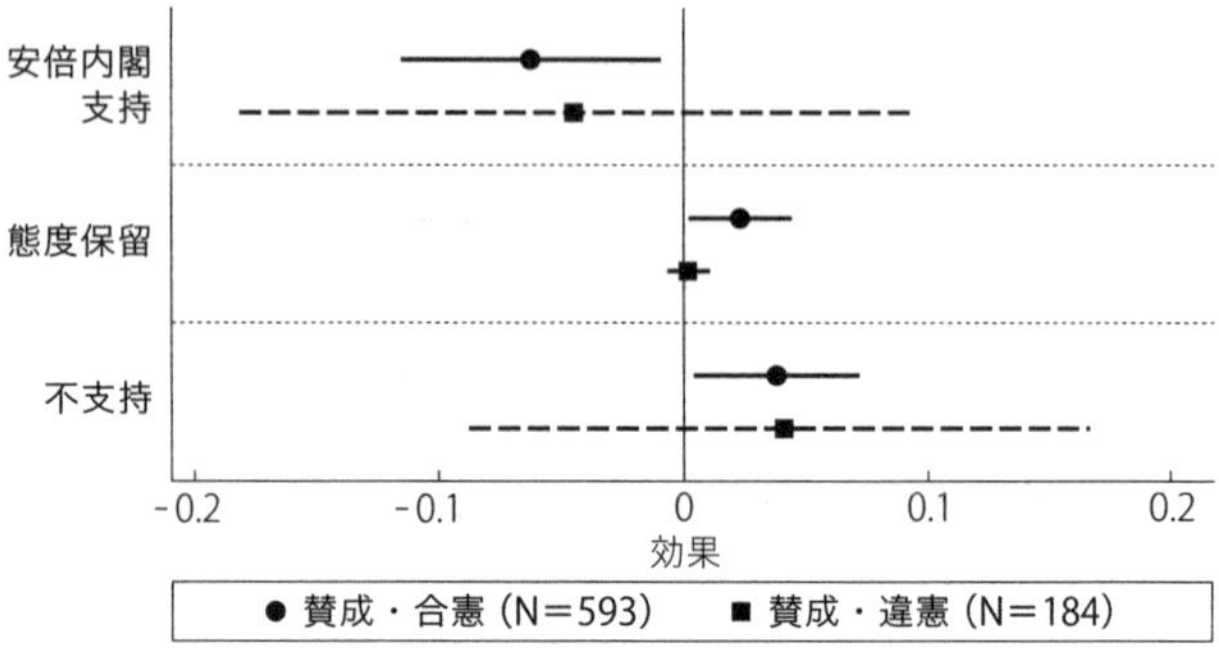

**図1-4(C)　推定効果の比較Ⅲ：
安保法制反対・合憲派と安保法制反対・違憲派**

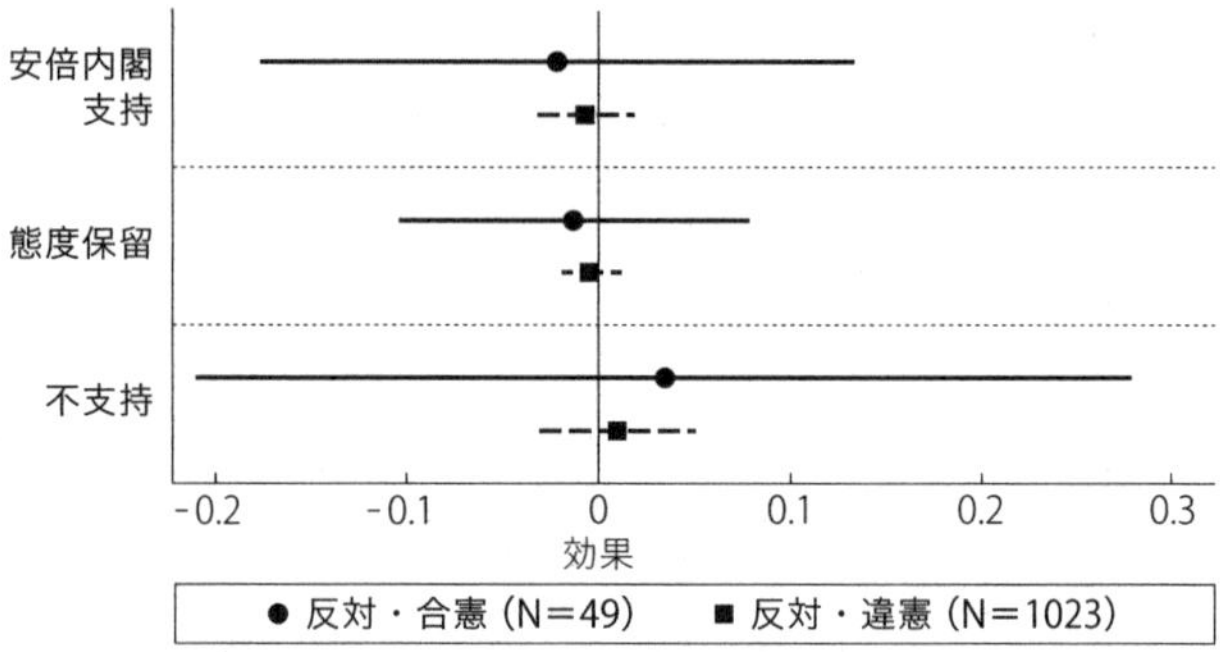

周知の通り、安保法制に批判的な人々は、立憲主義や法の支配といった観点から、安倍首相が憲法の条文改正ではなく解釈改憲を断行した手続きを厳しく糾弾していた。安保法制に賛成か反対かという態度の決定と、安保法制を憲法違反と思うかどうかの判断とは、密接に関係しているものの、論理的には別次元の問題である。

では、違憲かどうかの判断は、安倍内閣への支持・不支持にどのような影響を与えただろうか。細かく分ければ分けるほどサンプル数が少なくなる問題があるが、ここではもう一段階、安保法制に賛成の回答者と反対の回答者を、それぞれ安保法制の違憲性をめぐる見解によってさらに細分化して、前記と同じ分析を試みた。

図1-4(C)にまとめられた結果からは、安保法制に反対する回答者のあいだでは、合憲と判断する人についても違憲と判断する人についても、異なるグループへの割り当てが違いを生じさせず、プライミング効果の推定値がいわばベースラインの周辺に固まっていることが見てとれる。つまり、安保法制に反対する人々の安倍内閣に対する態度は、安保法制を想起させられようがさせられまいが、またそれを違憲と判断しようがしまいが、すでに確固として形成されているのである。これに対して、図1-4(B)によると、安保法制に賛成する回答者のあいだでは、違憲性の判断がプライミング効果と相互作用をもつことが確認される。すなわち、安保法制を違憲と判断する人については、プライミング効果は明確に見出されず、その効果が明らかであるのは、むしろ安保法制を合憲と考える人たちだ、ということがわかる。

安保法制に賛成し、しかも安保法制を違憲と思わない有権者。それは、安倍首相自身の政策ポジションに最も近い人々にほかならない。以上から、安倍政権のもとで、重要な政治イベントを契機として評価が下がるのは、いってみれば一番近い身内と考えられる支持者たちが、冷や水を浴びせるかのような態度をとることによって生じているのだということになろう。だからこそ、評価の低下は一時的にとどまり、支持はいつも復活するのである。他方、筆者らの実験結果は、安倍内閣に対する評価の低下が左派やリベラル勢力の活性化によって生じている可能性を明確に否定している。もしそのようなシナリオが正しいならば、そもそも安倍政権が粘り強くその高い信任度を維持することはできなかったはずであり、そうでないことがデータによっても確証されたのである。

結論――「ポピュリズム」とは程遠い冷静な世論の動向

民主主義のもとで現職政権に対する有権者の評価がどう決まるかについては、専門の研究者のあいだでも異なる意見が乱立し、定説と呼べるような理論があるわけではない。また、一口に民主主義といっても、アメリカのように三権分立が確立し大統領が強大な権限をもつ制度と、日本のように立法府と執行（行政）府との結びつきが強い制度とでは、リーダーに対する支持・不支持を決定するメカニズムが異なり、それらを一般化して論じることは難しいであろう。

日本の安倍内閣をめぐる世論の動向についても、これまで多様な解釈が提示されてきたが、本章では、こうした既存の解釈からではうまく説明のつかない現象に焦点を当てることを試みた。すなわち、なぜ安倍政権のもとでは、論争性の高い政治イベントを契機として有権者の評価が変動するのか、という問題である。とくに本章の後半では、そうしたイベントのまさに代表格ともいえる安保法制を題材にして行った世論調査（および調査に実験的要素を組み入れるサーベイ実験）の結果を分析した。そして、安倍支持の一時的低下が、左派やリベラルな有権者がその批判を強めるからではなく、むしろ保守的な有権者が一時的に安倍支持を表明することをためらうことによって、生じていることを明らかにした。

本章で提示したデータと分析からは、現代の日本政治の動向を解釈しその展望を描く上で、いくつかの知見と含意が導かれる。ここでは三つの点を強調して、結論としたい。

第一に、安保法制について国会の内外で激しい論争が戦わされていた時期、安全保障や外交に関わる実務者や一部の研究者たちは、安倍政権に対する支持率が低下したのは多くの有権者が集団的自衛権という概念をまだよく理解していないからだ、という見解を述べていたが、本章で提示した分析結果からは、このように有権者の政策や政治に対する理解を過小評価する言説に対しては、異を唱えなければならない。当時この種の見解が述べられるとき、根拠として決まって参照されていたのは、安倍政権が集団的自衛権について十分な説明をしていないと考える人が多数を占めるという一連の世論調査の結果であった。しかし、政権の側の説明不足が、なぜ有権者の側の理解不足を示す根拠となるのか、筆者にはまるで理解できない。本章が示したように、安倍支持が一時的に低下したのは、新しい安保法制に賛成し、しかもそれが合憲であることを疑わない保守的な人々の離反によるのであり、おそらくこうした人々は安保法制の目的もまたその問題もよく把握していたと考えられる。ただ、まさにその政権の説明努力の不足こそが、アカウンタビリティの欠如であるとして、彼らの離反を促した可能性は十分ありうる。自らに対する評価の軌跡を反省を込めて振り返るとき、安倍政権が学ぶべき最も重要な教訓は、この点にあるとさえいえるかもしれない。

第二に、先の実験結果は、安倍政権に政策的に最も近い支持者たちが旗下集結効果を奏でるのではなく、それどころかまったく逆に、論争性の高いイシューをめぐってはあたかも自戒を促すかのように冷や水を浴びせているという様子を描いているが、それは何より、こうした有権者たちがいかに「ポピュリズム」などと称される情動的な行動から遠いところに位置しているかを物語っている。ポピュリズムという言葉は、一般的な用語としては確立しているようだが、それが何を意味するかについては曖昧であり、学術的に厳密な共通の理解があるわけでない。いずれにせよ、本章の分析は、少なくとも国政に関して、そして国政において重要と考えられる政策に関して、日本の有権者たちが冷静でバランス感覚のある態度形成を行っていることを示している。単に印象論のみに基づいてポピュリズムなるものの危険性を過大視することがあってはならないし、そのような一面的な見方から日本政治の今後の行方を正しく見据えることはできないであろう。

第三に、前記と関連して、日本の有権者がそう簡単に情動的に行動しないということを、最もよく知っているのは、ほかならぬ安倍晋三首相であろう。二〇一二年十二月、政権に返り咲いたときから、安倍首相はさまざまな機会に憲法改正の必要性を訴えてきたが、正面から国政選挙の争点とすることをずっと避けてきた。このこと自体、安倍首相が有権者の冷静さとバランス感覚を正しく察知していることの表れであるように、筆者には思える。直近の二〇一七年秋の総選挙においては、北朝鮮のミサイル発射や核実験が頻発する中、自衛隊を憲法第九条に明記することが政治的なアジェンダに上がったが、その時も憲法改正が最も主要な争点と位置づけられたわけではなかった。

安倍政権は、成立から今日までずっと、保守的な支持者たちを中心に比較的高い評価を維持しながらも、論争性の高いイシューについてはその支持を掌握しきれないというジレンマを克服できないできた。その状況は、根本的に変わっていないように思われるのである。

註

1 石川真澄『データ 戦後政治史』岩波新書、一九八四年

2 この効果に関する古典的論文は、John E. Mueller, "Presidential Popularity from Truman to Johnson," *American Political Science Review* 64 (1970), pp.18-34 である。

3 これらの学術調査は、スタンフォード大学 Office of International Affairs によって提供された研究資金で実現した (http://news.stanford.edu/thedish/2015/07/22/grants-support-stanford-scholars-as-they-forge-research-

collaborations-across-the-globe/)。

4　ロジット分析という手法で求めたこの横軸の値の意味を、一般的な言葉で解釈するのは難しい。直感的には、実験刺激を加えたことにより他のカテゴリーよりも当該カテゴリーを選ぶようになる確率の変化を表す、と理解できる。

第二章　新しい安保法制は何を後世に残したのか

戦後続いてきた日本の安全保障の枠組みは、安倍晋三政権によって大きく変更された。この重要な政策転換を、日本の有権者はどのように受けとめたのだろうか。

歴代の内閣は、現行憲法のもとで集団的自衛権の行使はいかなる場合にも憲法違反にあたり、たとえ親密な同盟国であってもその国の防衛のために日本の自衛隊が軍事行動をとることは認められないという解釈を、一貫して踏襲してきた。これに対し、安倍首相は、日本と密接な関係にある国が攻撃され、日本の存立が脅かされる「存立危機事態」が想定される場合には、集団的自衛権を行使することが憲法上認められるとする解釈を打ち出した。そして、二〇一五年九月、そのような解釈に基づき、新しい平和安全保障法制（安保法制）がついに成立した。

一般に、成熟した民主主義のもとでは、政権の交代などにともない経済政策や社会保障制度が変更されることはしばしばあるが、安全保障に関する国家の方針が大きく変わるということはそう頻繁には起こらない。この意味からも、安倍首相が解釈改憲を断行し、限定的ではありながら集団的自衛権の容認へと舵を切ったことは、日本の政治史上、疑いなく画期的な事件であった。

しかし、ことの重大性にもかかわらず、安倍政権のもとでの安保制度の転換を主権者である国民がどのように認識し評価したのか、またそうした認識や評価が時を経るにつれてどのように変わっていった（変わらなかった）のか、といったことについては、よくわかっていない。

新しい安保法制が提案され成立するまでの政治過程では、国会の内外で賛否両方の立場から議論が巻き起こり、「国論が二分された」などと評された。実際、法案成立前後の一時期、安倍内閣に対する支持率は低下し、各地で大規模な抗議デモが繰り広げられた。しかし、法案が成立すると、内閣支持率はしだいに回復し、抗議デモは収束に向かった。翌年（二〇一六年）夏に行われた参議院議員選挙においても、新安保法制に対する批判が政権与党に政治的打撃を与えた証跡はほとんどみられない。はたして、この安保法制をめぐる人々の態度や意見は、本当に「国論が二分された」といえるような形で分断されていたのだろうか。そうだとすると、いったいそれはどのようにして縫い繕われていったのだろうか。それとも「国論が二分された」状態は、それ以後も長く続いたのだろうか。

本章は、筆者らが行った学術的な世論調査（および調査に組み込んで行うサーベイ実験）の結果をもとに、日本の安全保障をめぐる人々の選好が新しい法制の成立を機にどのように変容したかを明らかにする。分析に用いるデータは、前章で用いたのと同じく、二〇一五年から二〇一六年にかけて、筆者がスタンフォード大学のマイケル・トムズ教授とともに継続的に行った数波の調査から得られたものである。[註1]

本章の分析は、その中でも、安保法案がまだ閣議決定を経ておらず未確定であった時点（二〇一五年三月）と、新しい安保法制が成立してしばらく経過してからの時点（二〇一六年七月）とに、それぞれ実施した調査（以下「事前調査」「事後調査」と略記する）から得られたデータをもとにしている。なお、どちらの調査も日経リサーチ社の協力を得てウェブを通して実施され、この種の調査としては異例の規模である八〇〇〇人以上の日本人（二十〜六十九歳の男女）を対象にして行われた（そのうち約五〇〇〇人は両方の調査に回答した）。事前と事後の調査結果を比較分析することを通して、人々の認識や評価がどのように変化したか、そしてその背景にどのような要因が働いていたかを考察することが可能となる。

この二つの時点で筆者らが行った調査は、以下で順次紹介していくように、日本の安全保障問題に特化し、集団的自衛権の行使とそれに課されるべき制約条件について人々がもつ選好を体系的に把握することを目的に、いわば特別仕立てで設計されたものである。したがって、この調査データからは、メディア機関などの定期的ないし一般的な世論調査で訊ねられる質問への回答を集計しただけでは浮かび上がらない態度や意見の分布を、より正確に捉えることが可能となる。分析結果を先取りしてまとめれば、次の三つが注目に値する重要なポイントであろうと思われる。

第一には、いかなる場合においても集団的自衛権を認めるべきでないとする立場は、たしかに当初は強い支持を集めたが、安保法制の成立した後ではその立場は大きく後退した、という点である。わかりやすい言葉を使えば、集団的自衛権に対して人々がもっていた「アレルギー」ないし「拒否反応」とでもいうべきものは、わずか一年半たらずの短いあいだにかなり弱くなった、ということができる。

第二に、集団的自衛権に対する人々の許容度が増大した背景には、存立危機事態という概念が導入されたことが要因として働いているという点である。少なくとも人々の認識の上では、存立危機事態という概念が集団的自衛権の行使を制約する条件として、有効に機能しているのである。この第二のポイントは、ややや意外な結果のように感じられるかもしれない。なぜなら、存立危機事態という概念については、安倍政権が国会審議の中で最後までそれを明確に説明せず、曖昧であるとの批判が尽きないからである。

しかし、われわれの調査結果が明らかにする第三の点は、人々はこの存立危機事態なる概念がさまざまに解釈されうる可能性を自覚しつつも、だからといってそれを理解不能で無意味な概念であるとはけっして捉えていない、ということである。どのような状況が存立危機事態であるかを定義できなくても、複数の状況が提示された場合にどちらがよりそれに近いかということについて一定の同意が成立するくらいには、人々はこの概念についての理解を共有しているのである。

こうした調査結果の分析とそこから得られる知見をふまえ、本章では、安倍政権が安全保障の新しい枠組みを構築したことの意義を、これまで議論されたことのない観点からあらためて考えてみたい。はたして、安倍首相はこの政策転換により、後世にその名を残すことになるのだろうか。政治家の功績やリーダーシップについての評価は、在任中に下されるべきでなく歴史が決めるもの、というのが世間一般の常識である。しかし、安倍首相に対する評価が、ともすると党派的立場を反映した一方的な称賛もしくは批判に終始しがちであるからこそ、本章では価値中立的な学術的検証を貫くことにこだわり、安保転換が何を遺産として残すことになるのかを、客観的データを拠り所にして考え直してみたいのである。

人々の政策選好をどう捉えるか

現代国家にとって安全保障とは、外敵からの攻撃や侵略に対し自国の生存や独立が守られることを指す。では、主権者たる国民は、そのためにどのような政策が講じられることを望んでいるのだろうか。このことを明らかにするのは、そう簡単な作業ではない。

安倍政権が新しい安保法制を提案し成立させようとしていたとき、新聞社やテレビ局などのメディア機関は、こぞってこの法案に賛成か反対かを直接的に訊ねる世論調査を行った。しかし、残念ながら、そうした質問形式によって把握できる世論の動向は、きわめて限られるといわねばならない。そのような質問では、当該の法案そのものについての意見分布を見定めることはできても、そもそも人々がなぜそのような意見をもつのかを明らかにすることはできない。ましてや、(当該法案という)与件や予断のまったくない状況において、人々が理想と思い描く政策がどのようなものかをうかがい知ることはできない。

そこで、筆者らが設計した学術調査では、やや手の込んだサーベイ実験の手法、すなわち世論調査に実験的要素を組み入れる手法を用いて、人々の選好をより正確に解明しようと試みた。それは、日本の安全保障に関して架空の法案をあらかじめ何種類も用意し、回答者にその中からランダムに二つずつを割り当て、どちらが好ましいかを選んでいってもらうという方法である。

より具体的には、回答者に提示された法案は、①誰が集団的自衛権の行使を決定する権限をもつのかという権限主体と、②集団的自衛権が行使される範囲はどのように限定されるのかという行使地域との、二つの次元において、内容が異なるものであった。たとえば、権限主体については、首相のみが決定できるとする法案、首相が提案しそれを国会が事前に承認しなければならないとする法案、さらには国民投票や国連の安全保障理事会による同意を必要とする法案などのバリエーションを用意した。一方、行使地域については、集団的自衛権の行使が日本の領土・領海のみで可能であるとする法案、その範囲が東アジアまで拡大されてもよいとする法案、さらには地域的制約がなく世界のどこでも行使されうるとする法案、といったバリエーションを用意した。

そして、まったく同じ法案の組み合わせが繰り返されないようランダム化を制御しつつ、各回答者には三ないし四組のペアを順に提示して、どちらがより好ましいかを答えてもらった。回答は、①法案Aのほうがとても好ましい、②法案Aのほうがやや好ましい、③法案Bのほうがやや好ましい、④法案Bのほうがとても好ましい、という四つの選択肢から一つを選んでもらうようにし、好ましさの度合いもこの四段階でスコア化できるようにした。

このサーベイ実験の利点は、さまざまな組み合わせの中でどちらが選ばれるかについてのデータを数多く蓄積することにより、すべての法案の中でどの法案が最も好まれるか、その法案は他の法案よりどの程度強く好まれているかなどを数量化して明らかにできることにある。理想をいえば、すべての回答者が（可能性としてありうる）すべての法案ペアについてどちらが好ましいかを答えてもらうのが、最も網羅的な調査ということになる。しかし、法案の種類が多いと、そのような調査の実施が現実に難しいことは、容易に想像がつくであろう。それは、アナロジーを引くならば、どの相撲力士が最も実力があるかを決めるためには、本当はすべての力士が総当たりで対戦するような壮大な取組表を作ることが理想だが、一五日間と限られている本場所では、ごく限定されたペアでの取組しか実現できないのと同じである。しかし、そうした限られた取組を通しても、各力士のいわゆる「地力」が明らかになり「番付」が決まる。同様に、さまざまな組み合わせを割り当てて選ばせる中から、法案の好ましさの順位を見きわめることは十分に可能である。

集団的自衛権をめぐる選好はどう変化したか

筆者らの調査においてあらかじめ用意した法案の中には、上述の通りに権限主体と行使地域という二つの次元に沿って集団的自衛権の発動に制約を加えた各種法案と並んで、これまでの政策を変更しない現状維持法案（以下「ＳＱ法案」）、すなわち「日本はいかなる状況でも、同盟国を守るために自衛隊を使用し

図2-1　集団的自衛権を認めない法案と条件付きで認める4法案との比較：安保法制成立前（2015年3月）

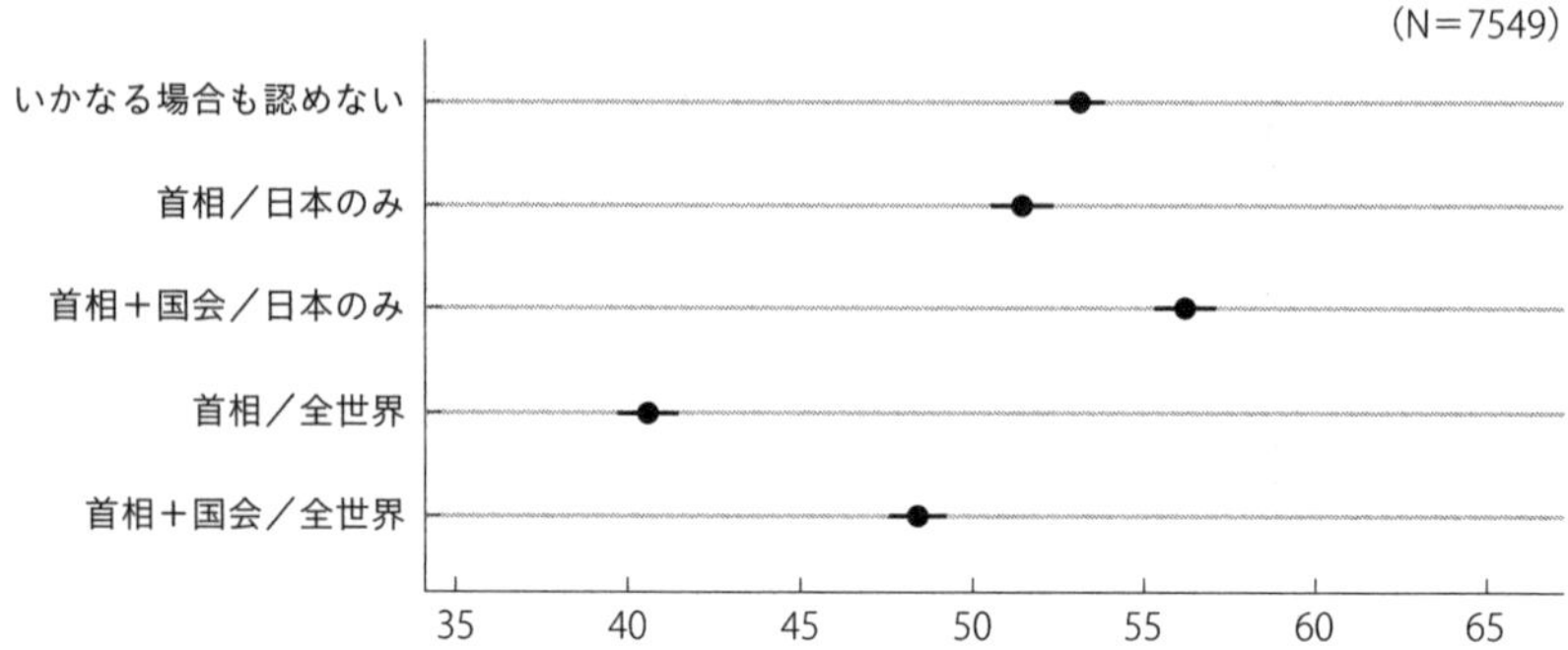

［注1］　横軸は法案の好ましさの度合いを表す。
［注2］　各法案の位置は、他の法案との対比において、「とても好ましい」として選ばれた場合には100、「やや好ましい」として選ばれた場合には67、逆に相手の法案の方が「やや好ましい」と選ばれた場合には33、相手の法案のほうが「とても好ましい」と選ばれた場合には0としてスコア化した平均値（●で示す）および95%の信頼区間を表す。

てはならない」という法案も含まれていた。そこで、実際に回答者に提示された膨大な組み合わせの中から、事前と事後の調査で比較可能な法案の組み合わせだけを取り出して各法案の好ましさの順位付けを行うことによって、集団的自衛権をまったく認めない法案がそれ以外の集団的自衛権を許容する法案に比べてどの程度好まれていた（いなかった）かを見きわめていくことにする。

　まず、図2‐1は、事前調査の結果をもとに、代表的な四つの法案とSQ法案の好ましさの順位を示したものである。横軸は「好ましさスコア」とでもいうべきものを表し、右に位置されるほどより好まれる法案であることを示している。図2‐1からは、少なくともこの時点では、いかなる場合にも集団的自衛権は認められないとするSQ法案が、かなり強く好まれていたことがわかる。SQ法案よりも高いスコアを獲得したのは、集団的自衛権の行使地域が日本に限定され、しかも首相だけでなく国会が発動を事前に認めなければならないとする制約が課された法案のみであった。

行使地域が日本に限定され首相だけが権限主体である法案も、五〇ポイント以上のスコアで好まれているが、しかしそれよりもSQ法案のスコアのほうが高い（図ではわかりにくいが、厳密には二つの法案の信頼区間は重なっておらず、SQ法案のスコアのほうが高いことが統計的に確認される）。

思い返せば、この事前調査を実施した二〇一五年三月は、安倍首相が新しい安全保障の枠組みを模索し、集団的自衛権を認める方向で与党政権内の調整を進めていた時期にあたる。国会での本格的論戦は始まっておらず、新しい法制の全容はまだ明らかとなっていなかった。図２‐１は、そうした中、多くの有権者がそもそも集団的自衛権に道を開くことに慎重であるか、もしくは反対の態度をとっていたこと、そして現状のままの政策が継続されるのを望んでいたことを物語っている。

もっとも、同時にこの図からは、集団的自衛権をめぐって「国論が二分された」状況を読み取ることもできる。というのは、SQ法案と並んで、集団的自衛権の行使を日本に限定して認める法案が、いずれも高いスコアで好まれていることを無視できないからである。

実際、（詳細は報告しないが）行使地域が日本に限定されている法案とSQ法案とが直接対決したペアだけをさらに抜き出して回答者がどちらを選んでいるかを分析してみると、ほぼ半々で拮抗しているものの、SQ法案が選ばれない確率のほうがやや高かった。われわれの調査結果からは、この時期、現状維持を望む声が圧倒的多数を占めていた、ということはいえないのである。

さて、図２‐２は、安保法制が成立しすでに施行された後の二〇一六年七月に行った事後調査の結果から、図２‐１に含めたものと比較可能と思われる八本の法案とSQ法案の好ましさの順位を表したものである。

この図で何より顕著なのは、SQ法案に対する人々の選好が大幅に後退し、好ましさスコアで五〇ポイ

図2-2　集団的自衛権を認めない法案と条件付きで認める8法案との比較：安保法制成立後（2016年7月）

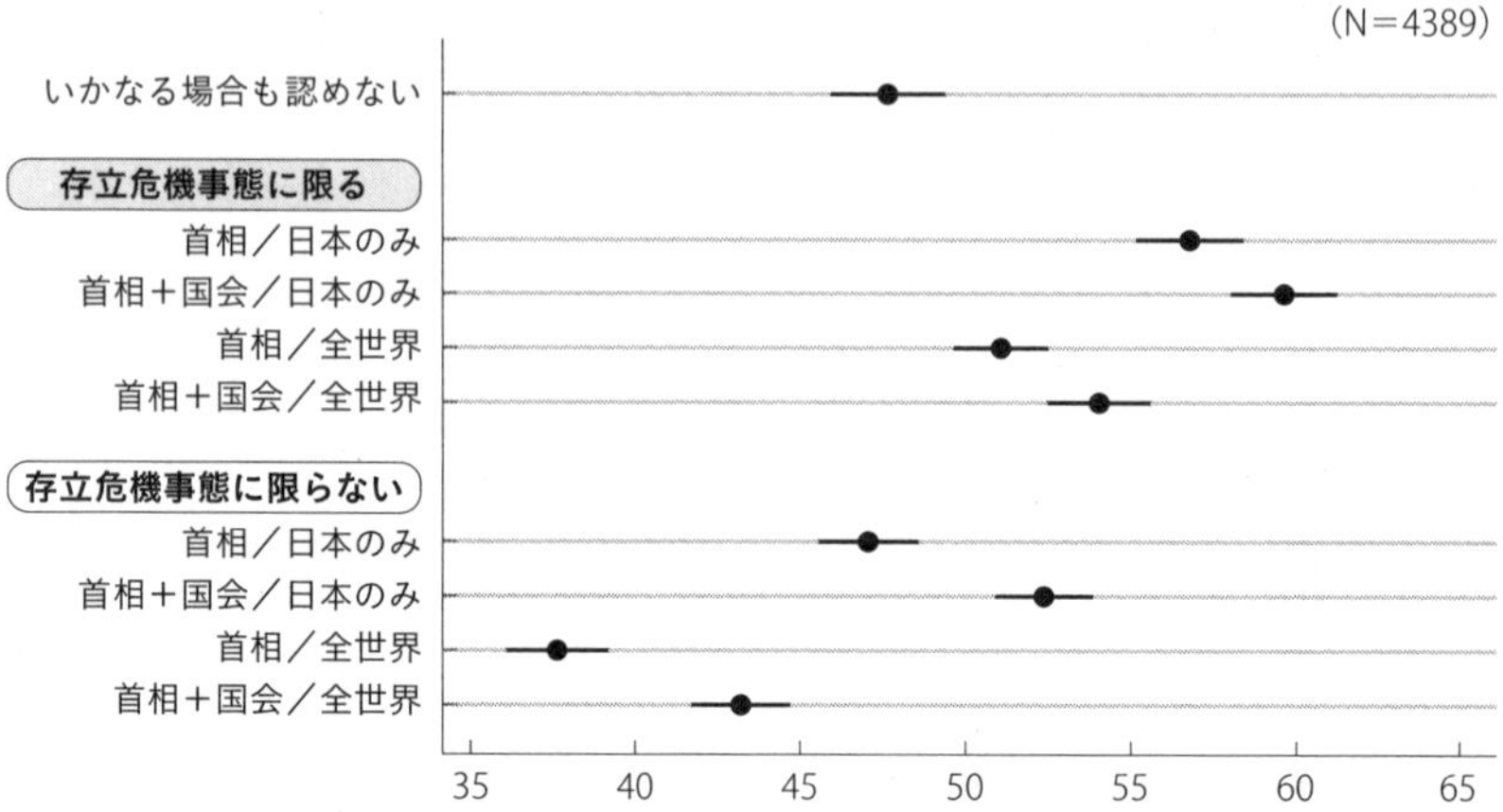

［注］　横軸および各法案の位置についての説明は、図2-1参照。

ントを下回るまでになったということである。事後調査では、図2-2に示されているように、権限主体と行使地域とともに、集団的自衛権を制約する第三の条件として、安倍政権が強調した「存立危機事態」であるかどうかという次元を法案のバリエーションに加えた。そして、この図によると、存立危機事態にしか行使しないという限定付きであれば、他の二つの条件がどのように設定されていても、集団的自衛権を容認する法案は例外なくSQ法案よりも右に位置し、より好まれるという結果が示されている。

さらに、存立危機事態の制約がない法案と比較しても、SQ法案のスコアは、集団的自衛権の行使が日本に限定されるとする二つの法案より高くない（厳密にはSQ法案と「首相／日本のみ」法案の信頼区間は重なっており、両者の好ましさスコアを統計的に区別することはできない）。SQ法案よりも好まれない法案は、集団的自衛権が地域的制約なしに世界のどこでも行使しうるとされた二つの法案のみである。

このように事前と事後の調査結果をあわせてみると、

安全保障政策をめぐる人々の選好が、一年半たらずのあいだに大きく変化したことが浮き彫りになる。もちろん、二つの別個の調査の結果から、その違いに関して何らかの解釈を引こうとする際には、慎重を期さなければならない。幸いなことに、筆者らが行った調査には、事前と事後の両方に答えた回答者が多く含まれていたことから、前後の調査結果に顕著な差が出た原因として、回答者のサンプルに著しい偏りがあったのではないか、つまり社会的属性やイデオロギーのまったく異なる回答者グループがたまたま抽出されたことでその違いが生まれたのではないか、という可能性を排除することができる。

ただし、前述の通り、各調査において回答者に与えられた法案の組み合わせはランダムに決められたので、たとえ同一の回答者であっても、SQ法案と対比されたもう一つの法案が事前と事後で同じ種類のものであったわけでは必ずしもない。そこで、念のために、サンプル数は大幅に少なくなるが、事前と事後の調査においてSQ法案とペアにされた対案が同じだった回答者だけを取り出し、その組み合わせからSQ法案の好ましさスコアを計算するという作業も行った。表2-1に示されたその分析結果によると、そうした回答者に限っても、事前と比べて事後では集団的自衛権をまったく認めない立場が大きく後退していることをあらためて確認できる。

以上の調査結果と分析は、集団的自衛権に対して当初少なからぬ人々が抱いていた留保や警戒感が薄れ、「国論が二分された」と評されるべき状態があったとしても、それがしだいに緩和されていったことを示している。だとすると、

表2-1　現状維持（SQ）法案の好ましさスコアの変化

	事前調査		事後調査		
				存立危機に限定した法案との対比	存立危機に限定しない法案との対比
全　体	53.19 (N＝5461)	→	47.73 (N＝1307)	45.14 (N＝682)	50.76 (N＝625)
同一回答者	57.12 (N＝98)	→	48.93 (N＝98)	45.75 (N＝51)	52.38 (N＝47)

当然ながら、一つの疑問が提起されよう。すなわち、集団的自衛権を許容する態度が法案成立後に広がった背景には、どのような要因が作用したと考えられるのだろうか、と。

この問いに対する単純な答えは、一般の有権者は、たとえ論争を巻き起こした政策や方針転換であっても、いったん政府がそれを成立させてしまえば、それを既成事実として受け入れてしまうものだ、という解釈である。しかし、そのような解釈は、政策を評価する有権者の能力をあまりに軽視している点、また日本の有権者の政治的態度が受動的であることを自明の前提にしている点で、筆者には受け入れられない。

代わりに本章では、「存立危機事態」という概念が重要な役割を果したという可能性を強調したい。この解釈は、いまいちど図2－2に立ち戻り、その含意を素直に読み取ろうとすると自ずと生まれる。なによりこの図は、存立危機事態という制約条件が人々の選好形成にいかに大きな効果をもっているかを示している。その効果は、SQ法案との比較だけでなく、権限主体と行使地域という他の二つの条件が同一である二つの法案のスコアの差においても、歴然としている。すなわち、他の二つの条件が同じ法案どうしを比べると、例外なく、存立危機事態に限定された法案のほうが限定されていない法案よりも好まれており、しかもどの場合においても非常に強く好まれていることがわかる。存立危機事態という概念は、少なくとも人々の認識の上では、集団的自衛権の行使を制約する条件として、有効に機能しているのである。

存立危機事態という概念が導入され脚光を浴びたことで、集団的自衛権に対する許容度が高まったのだとすると、いささか意外で、見方によっては実に皮肉な展開だと感じられるかもしれない。なぜなら、存立危機事態なる概念については、国会の論戦などを通じても結局曖昧なままであったという批判が尽きず、したがってこの概念は集団的自衛権をめぐる「アレルギー」や「拒否反応」を助長こそすれ、それらを和らげる効果をもつはずがないとも考えられるからである。では、なぜ曖昧であるにもかかわらず、この概念が人々の集団的自衛権に対する許容度を高める方向に寄与しうるのか。この可能性について、以下節をあらためて、詳しく分析していきたい。[註2]

人々は「存立危機事態」をどう認識したか

新しい安全保障の枠組みについて国会内外で本格的に論戦が繰り広げられた二〇一五年五月末から法案成立までのあいだ、存立危機事態という概念は、まさに論争の焦点であったといえる。

周知の通り、この概念は集団的自衛権行使の三つの前提条件の一つとして、その前年(二〇一四年)七月の閣議決定により初めて公式に示されたものであり、「我が国と密接な関係にある他国に対する武力攻撃が発生し、これにより我が国の存立が脅かされ、国民の生命、自由及び幸福追求の権利が根底から覆される明白な危険がある」状態を意味するとされている。

しかし、具体的にどのような状況が存立危機事態にあたるのかについて、またそのような具体的な例示をすべきかどうかについて、安倍政権の説明や見解は揺れ動いた。新しい安保法制に対する一つの重要な批判は、この概念が曖昧なままである限り政府による恣意的な拡大解釈を防げない、という批判であった。

では、こうした論争が繰り広げられた中にあって、一般の有権者は、存立危機事態をどのように認識したのだろうか。このことを明らかにするため、筆者らの行った事後調査では、以下のような二つの質問をした。第一には、《昨年成立した新しい安全保障法制の中では、「存立危機事態」という言葉が使われていました。あなたの意見では、次の事態は存立危機事態ですか、そうでありませんか》という質問をし、次の三つのシナリオを提示した(質問I)。

状況（A）：日本の周辺にいる同盟国の艦船がミサイル攻撃を受け、敵国が続けて日本の本土にも攻撃すると宣言している事態

状況（B）：日本の同盟国がサイバー攻撃を受け、その国の首都の機能が麻痺している事態

状況（C）：同盟国の艦船が中東で攻撃され、日本に原油を運ぶタンカーが通るホルムズ海峡が敵対国の機雷によって封鎖された事態

第二に、各状況についての質問Ⅰの後に、《では、あなたご自身でなく、日本国民の中では何パーセントぐらいの人が、この事態を存立危機事態とみなすと思いますか》という質問を挿入した（質問Ⅱ）。表2-2は、それぞれの状況ごとに、この二つの質問に対する回答の分布をまとめたものである。

繰り返すが、政府は具体的にどのような状況が存立危機事態にあたるかを明確にしていない。安倍政権によれば、それはそのような判断を必要とする状況が実際に起こったときに、政府が判断すべきものである、ということである。したがって、前記の三つの（架空の）状況についても、それぞれが存立危機事態にあたるかどうかについての「正しい答え」は存在しない。たとえば、表2-2によれば、状況（A）については圧倒的多数の回答者が存立危機事態であると判断する中で、一六・二五％の回答者が「存立危機事態ではない」と答えているが、後者の人々の判断が間違っているということにはならない。

しかし、客観的な正答がない中で、それぞれの状況をどう認識するかの主観的判断が多くの人において一致する、ということは十分ありうる。表2-2にまとめた結果は、国民のあいだでそうした間主観的な判断の収斂が起こっているかどうかを読み取る上で、貴重なデータを提供している。

たとえば、質問Ⅰの回答分布に注目すると、八三・七五％という圧倒的多数が存立危機にあたると回答

表2-2　3つの「存立危機」的状況と人々の意見分布

(A)

「日本の周辺にいる同盟国の艦船がミサイル攻撃を受け、敵国が続けて日本の本土にも攻撃すると宣言している事態」は、存立危機事態か？			
Yesと回答	6970人（83.75%）	Noと回答	1352人（16.25%）
日本国民の中で何パーセントぐらいの人が、この事態を存立危機事態とみなすと思うか？			
(1) 81–100%	1852人（26.57%）	(1) 81–100%	27人（ 2.00%）
(2) 61– 80%	2703人（38.78%）	(2) 61– 80%	182人（13.46%）
(3) 41– 60%	1723人（24.72%）	(3) 41– 60%	514人（38.02%）
(4) 21– 40%	548人（ 7.86%）	(4) 21– 40%	379人（28.03%）
(5) 0– 20%	144人（ 2.07%）	(5) 0– 20%	250人（18.49%）
上記をスコア化した平均値［(1)＝90、(2)＝70、(3)＝50、(4)＝30、(5)＝10として算出］			
65.99		40.49	

(B)

「日本の同盟国がサイバー攻撃を受け、その国の首都の機能が麻痺している事態」は、存立危機事態か？			
Yesと回答	5134人（61.69%）	Noと回答	3188人（38.31%）
日本国民の中で何パーセントぐらいの人が、この事態を存立危機事態とみなすと思うか？			
(1) 81–100%	985人（19.19%）	(1) 81–100%	34人（ 1.07%）
(2) 61– 80%	1643人（32.00%）	(2) 61– 80%	207人（ 6.49%）
(3) 41– 60%	1522人（29.65%）	(3) 41– 60%	912人（28.61%）
(4) 21– 40%	768人（14.96%）	(4) 21– 40%	1346人（42.22%）
(5) 0– 20%	216人（ 4.21%）	(5) 0– 20%	689人（21.61%）
上記をスコア化した平均値［(1)＝90、(2)＝70、(3)＝50、(4)＝30、(5)＝10として算出］			
59.40		34.64	

(C)

「同盟国の艦船が中東で攻撃され、日本に原油を運ぶタンカーが通るホルムズ海峡が敵対国の機雷によって封鎖された事態」は、存立危機事態か？			
Yesと回答	4700人（56.48%）	Noと回答	3622人（43.52%）
日本国民の中で何パーセントぐらいの人が、この事態を存立危機事態とみなすと思うか？			
(1) 81–100%	641人（13.64%）	(1) 81–100%	33人（ 0.91%）
(2) 61– 80%	1532人（32.60%）	(2) 61– 80%	246人（ 6.79%）
(3) 41– 60%	1645人（35.00%）	(3) 41– 60%	1197人（33.05%）
(4) 21– 40%	695人（14.79%）	(4) 21– 40%	1484人（40.97%）
(5) 0– 20%	187人（ 3.98%）	(5) 0– 20%	662人（18.28%）
上記をスコア化した平均値［(1)＝90、(2)＝70、(3)＝50、(4)＝30、(5)＝10として算出］			
57.43		36.22	

した状況（A）と、せいぜい六割程度の回答者しか存立危機と認めない状況（B）および（C）とは、一線を画しているように思われる。この結果は、（A）のミサイル攻撃についてはともかく、（B）のサイバー首都攻撃や（C）のホルムズ封鎖については判断が分かれているのであるから、結局のところ存立危機という概念は曖昧ではないか、という主張を裏付けるだけにもみえなくもない。しかし、同時にこの結果は、複数の状況が提示された場合にどちらが存立危機事態により近いかということについて、人々の判断が収斂する可能性を示唆するものでもある。

この点は、データをいわば裏側から分析し直すことによって確認できる。すなわち、（B）は存立危機だが（A）は存立危機でないと回答した人、また（C）は存立危機だが（A）は存立危機でないと回答した人は、それぞれ三八一人と三三四人で、全体（八三二二人）に占める割合はどちらも五％にも満たない。（B）と（C）はともに存立危機だが（A）は存立危機でないと回答した人は、さらに少なくわずか一九〇人にすぎない。存立危機事態という概念が曖昧であることはその通りであるが、この概念に関する人々の認知には一定の共有された序列が備わっていると考えるべきであろう。

質問Ⅱの回答分布も、人々が存立危機事態という概念をどのように受けとめたかについて、興味深い知見を提供する。たとえば、圧倒的多数の回答者が存立危機事態と判断した状況（A）の場合でも、他者が同意するかと問われれば、そこに必ずしも強固な自信があるわけではない。この状況については、全体の八四％近い回答者が肯定的に答えているが、その人たちのうち、自分の判断に同意する他者が八割以上いると予測する人は、わずか二六・七五％にすぎない。同様に、状況（A）について否定的な回答をした人たちのうち、四〇％弱が他者の四割から六割ぐらいが（自分の回答とは反対に）この状況を存立危機事態と判断するだろうと予測している。これらの結果が物語っているのは、存立危機事態に関する判断は人によって異なるという、冷静で思慮深い自覚である。もし逆に、存立危機事態に関する自分の判断が絶対であると信じて疑わない人ばかりであれば、質問Ⅱの回答分布は肯定回答者の側では八一～一〇〇％の範囲に、否定回答者の側では〇～二〇％の範囲に、それぞれ集中するはずである。

さらに、表２‐２の（Ａ）、（Ｂ）、（Ｃ）を比べると、他者の判断についての予測が状況に応じて異なっていることも見てとれる。主観的判断が比較的収斂している状況（Ａ）では、肯定回答者の側で平均して六六％ほどの他者が自分たちの判断に同意するだろうと予測している。他方、主観的判断がそこまで収斂していない状況（Ｂ）および（Ｃ）では、他者の同意に関する予測平均値は五九・四〇％および五七・四七％と低くなっている。この結果は、同じ存立危機事態であるという判断を下すにしても、多くの他者が同意してくれるという予測をもってそのような判断を下す場合と、それほど多くの他者が同意してくれるわけではないという予測をもってそのような判断を下す場合があることを示唆し、しかもその予測の高低は実際にどれだけの人が存立危機事態とみなすかという分布の多寡に呼応している、ということを表している。つまり、人々は自分自身の主観的判断が絶対的でないことを自覚しているのみならず、他者がどう判断するかという予測においてもきわめて冷静に見きわめているのである。

以上から、一般の人々にとって存立危機事態がけっして理解不能で無意味な概念でないことは、明白であろう。存立危機事態という概念はたしかに曖昧だが、むしろ曖昧であるからこそ、何がその事態にあたるかについての判断は各人で異なるという自覚が生まれるのである。この自覚の一歩先（一歩手前というべきか）には、存立危機事態の最終的定義は自分たちに留保されているという信念が成立しているのではなかろうか。いいかえれば、人々は、自分たちの判断を絶対視していない分だけ、そこに自らの裁量が残されていると感じ取っているのではなかろうか。

安倍政権が国会論戦を通じてついに存立危機事態の概念を明確にしなかったことは、政府がそれを恣意的に決定できる余地を残したとみなされ、それゆえに批判された。しかし、明確な公的定義の不在は、主権者たる国民にこそ、それを判断する裁量が留保されているとも解せる。もし逆に安倍政権が存立危機事態という概念を徹底的に定義し尽くしていたら、この概念が人々の認知の上で集団的自衛権を制約する大きな効果を発揮することはなかったかもしれないのである。

結論——安倍政権のレガシーとは

安倍首相は、当初、自民党結成以来の悲願である憲法改正を視野に入れていた。しかし、その任期が長期化する中にあっても、彼が現職の首相であるあいだに憲法改正が行われるシナリオはいまだに整っていない。新しい安保法制の成立は、憲法第九条との緊張関係の中で舵取りせざるをえない日本の安全保障政策において、条文を変えない解釈改憲をまた一つ積み重ねたことを意味する。安保制度の転換をそのような形で乗り切ったことで、安倍首相は、むしろ改正の大義を人々に説得する大きな材料の一つを失ったといわざるをえない。

では、憲法改正に及ばずとも、集団的自衛権に道を開いたことによって、安倍首相は名宰相として後世にその名を残すことになるだろうか。筆者はつねづね、民主主義国家における政策の意義を考える上では、政策のサブスタンス（中身）だけを評価の対象とするのではなく、その政策を一般の有権者がどのように受け止めたのかを吟味することも大切である、と主張してきた。安倍政権に対して批判的な論者は、集団的自衛権が憲法違反であり、存立危機事態という概念が曖昧であるという議論を、今後も続けていくであろう。しかし、本章で考察したように、一般の人々については、存立危機事態という概念的イノベーションを通して、集団的自衛権に対する警戒感が解かれていったことが客観的データから裏付けられる。そのこと自体は、党派的主張を超えて評価されなければならない。

もちろん、集団的自衛権に道を開いたことを、今の時点で安倍政権の「功績」とみなすことはできない。新しい法制が本当に日本の安全保障を高めることに寄与したかどうか、戦争を抑止できるようになったのか、それとも戦争に巻き込まれやすくなったのかは、あくまで歴史が判断することだからである。

しかし、安倍政権のもとで、限定的ではあるものの集団的自衛権の行使を認めてよいとする方向に世論が初めて大きく動いたという事実は、おそらく後世にずっと語り継がれていくであろう。この意味において、安倍政権は大きなレガシーを残すことになるのである。

最後に、誤解のないように付け加えるが、筆者は、安全保障に関する有権者の態度や意見に変化が起こったのは、安倍政権が最初から世論操作のグランドデザインを描き、それがまんまと功を奏したからだなどとは、毛頭考えていない。むしろ強調したいのは、本章のデータおよびその分析結果が、それとまったく逆のシナリオと整合的であること、すなわち世論の動向のほうが節目節目において安倍首相の手番を封じたという可能性である。

そもそも存立危機事態という概念が導入されたのは、この制約条件がなければ、一般の人々が集団的自衛権に対する警戒感を解くことがありえなかったからにほかならない。そして、存立危機事態の概念が曖昧のまま残ったのも、それを最終的に定義する権利を自分たちの側に主体的に留保しておきたいとする有権者の意気込みが、安倍政権に通じたからであろう。国会内外でのこの概念をめぐる激しい論争を目の当たりにして、安倍首相は、下手にそれを明確にしようものなら、この存立危機事態のもつ、集団的自衛権に対する制約条件としての効果がすべて台なしになることをどこかで感じ取っていたと思われる。もしこの筆者の解釈が正しければ、安保法制の転換は、日本の民主主義の失敗ではなく、その熟議機能が発揮された事例として、もう一つ別のレガシーをも残すことになるのである。

註

1　本章が依拠した学術調査も、前章同様、スタンフォード大学が提供した研究費で実現した（http://news.stanford.edu/thedish/2015/07/22/grants-support-stanford-scholars-as-they-forge-research-collaborations-across-the-globe/）。共同研究者のトムズ教授はこの調査設計に深く関わったが、筆者が日本語でまた単独で本章を発表することを許可してくれたことに謝意を表する。

2　本章では、ＳＱ法案とそれ以外の法案との比較に主たる焦点を当てたため、権限主体、行使地域、存立危機事態という三つの制約条件がそれぞれどのような効果をもつのかについての分析は、別途詳細に行わなければならない。（Michael Tomz and Masaru Kohno, "Public Support for War Powers," presented at American Political Science Association, San Francisco, CA, September 2017 参照）

第三章　何が憲法改正を躊躇させるのか

安倍晋三氏は、政治家としてのキャリアを積み重ねる中で、現行の日本国憲法を改正すべきであるという主張を、一貫して公言してきた。たとえば、一九九六年、まだ改正論議をタブー視する風潮が残る時代に、『朝日新聞』の『明るい日本』国会議員連盟・戦後世代に聞く」という企画の中で、憲法改正については「自信をもってやればいい」と明確に語っている（八月十日付）。その一〇年後、二〇〇六年九月一日、小泉純一郎内閣のもとで官房長官だった安倍氏は次期自民党総裁選への出馬を宣言した会見で、「21世紀にふさわしい国のあり方を示す新憲法制定のためリーダーシップを発揮していく。任期中に少しでも進めていく。まずは国民投票法の成立を目指す」と力強く述べている（『朝日新聞』九月二日付）。そして首相の座についた安倍氏は、翌二〇〇七年、公約通りに「日本国憲法の改正手続に関する法律」を成立させた。

このようにブレのなかった言動からすれば奇妙なことに、二〇一二年十二月に政権に返り咲いて以降の第二次安倍内閣のもとでは、憲法改正を中心的な争点とした国政選挙が一度も行われていない。この奇妙さは、高い内閣支持率を維持し、「安倍一強」と称されるほどその政権基盤が磐石であることからして、なおさらである。周知のように、安倍政権は、すでに二〇一三年参院選、二〇一四年衆院選、二〇一六年参院選、そして二〇一七年衆院選と、四回もの国政選挙を経験し、そのすべてで野党に対して圧倒的な勝利を収めている。その都度、憲法改正は当初は争点となる気配も見せるが、いざ選挙戦が始まると経済政策や安全保障など個別の議論の陰に隠れ、結局主要な争点となることはなかった。むしろ、安倍氏は、憲法改正を前面に押し出して選挙を戦うことを避けてきたかのようにさえも見える。

なぜ、安倍氏は、これ以上望めないような有利な政治的状況に恵まれているにもかかわらず、自らの悲願である憲法改正を堂々と国政選挙の争点とすることに躊躇するのであろうか。この問いに対する回答としては、たとえば発議に必要な国会での三分の二の議席に手が届いていなかった、あるいは連立政権を組んでいる公明党に配慮しているなど、政治家や政党の側の理由を論じることも可能である。しかし、筆者は、そうした政治エリートのレベルではなく、むしろ有権者の動向を分析することから、一つの回答を提供してみたい。

本章で具体的に着目するのは、憲法改正に対する有権者の態度の不安定性である。以下の分析の前提には、一般の人々にとって、憲法改正の是非は、経済の動向や外国から感じる安全保障上の脅威といったことに比べると、抽象的で、自らの態度や意見を形成しにくい、という筆者の認識がある。そうだとすると、政治家たちは、憲法改正を選挙の争点に掲げても、有権者がどう反応するかを予測することが難しい、ということになる。安倍氏は、憲法改正を失敗のできない歴史的大事業と捉えており、だからこそ、予測の立たない中でそれを正面から国政選挙の争点とすることをためらっているのではないか、というのが筆者の考えである。

ワーディングの違いがもたらす効果

日本では、憲法改正に関する国民の態度は、大手新聞社をはじめとするさまざまな機関が実施する定期的な世論調査の一環として、その意見分布が明らかにされる。しかし、しばしば指摘されるのは、こと憲法改正に関しては、各メディアの具体的な質問の仕方、すなわちワーディングが微妙に異なるので、その違いによって憲法改正に賛成か反対かという意見の表明が影響を受けて報じられているのではないか、という問題である。

このことは、一方では、そうした「ワーディング効果」をきちんと統制し勘案した上でないと、憲法改正についての有権者の意見分布を正確に見定められないことを示唆している。しかし、他方では、そのような微妙なワーディングによって左右されるのであれば、そもそも一般の人々の憲法改正についての態度は安定しているとはいえない、という可能性も考えられる。もし後者が正しいとすると、ある一時点での調査が明らかにする世論の動向を、額面通りに受け取ることはできず、その結果に政治的立場の異なる人たちが一喜一憂することは無意味だ、ということになる。

そこで、筆者はサーベイ実験の発想を取り入れて、意図的に異なるワーディングを回答者たちに示し、憲法改正への賛否を問うことを試みた。[註1] 具体的には、憲法改正についての質問として、表3-1に整理した全部で六パターンを用意した。そして、日経リサーチ社の協力を得てウェブを通して、二〇〇〇人ほどの日本人（二十~六十九歳の男女）の回答者を無作為に六つのグループに割り当て、それぞれの質問パターンに応じて回答分布に違いが生まれるかを確認した。

二〇一三年の三月に筆者が最初に行った調査の結果は、図3-1に要約されている。それによると、か

表3-1　憲法改正賛否を問う質問の６パターン

パターン１	あなたは、憲法改正に賛成ですか、反対ですか。
パターン２	いまの憲法については、戦後の占領下に制定されたものである、60年以上一度も改正されず時代に合わない、などといった理由から、憲法を改正すべきであるという意見がありますが、あなたは、憲法改正に賛成ですか、反対ですか。
パターン３	自衛権を明記すべきであるとして、現行憲法の第９条を改正すべきだという意見がありますが、あなたは、この改正に賛成ですか、反対ですか。
パターン４	自衛権を明記し、国防軍の保持を規定すべきであるとして、現行憲法の第９条を改正すべきだという意見がありますが、あなたは、この改正に賛成ですか、反対ですか。
パターン５	天皇が日本の元首であることを明記すべきであるとして、現行憲法の第１条を改正すべきだという意見がありますが、あなたは、この改正に賛成ですか、反対ですか。
パターン６	憲法改正の提案要件を衆議院と参議院それぞれの過半数に緩和すべきであるとして、現行憲法の第96条第１項を改正すべきだという意見がありますが、あなたは、この改正に賛成ですか、反対ですか。

図3-1　６パターンごとの回答分布（2013年３月調査結果）

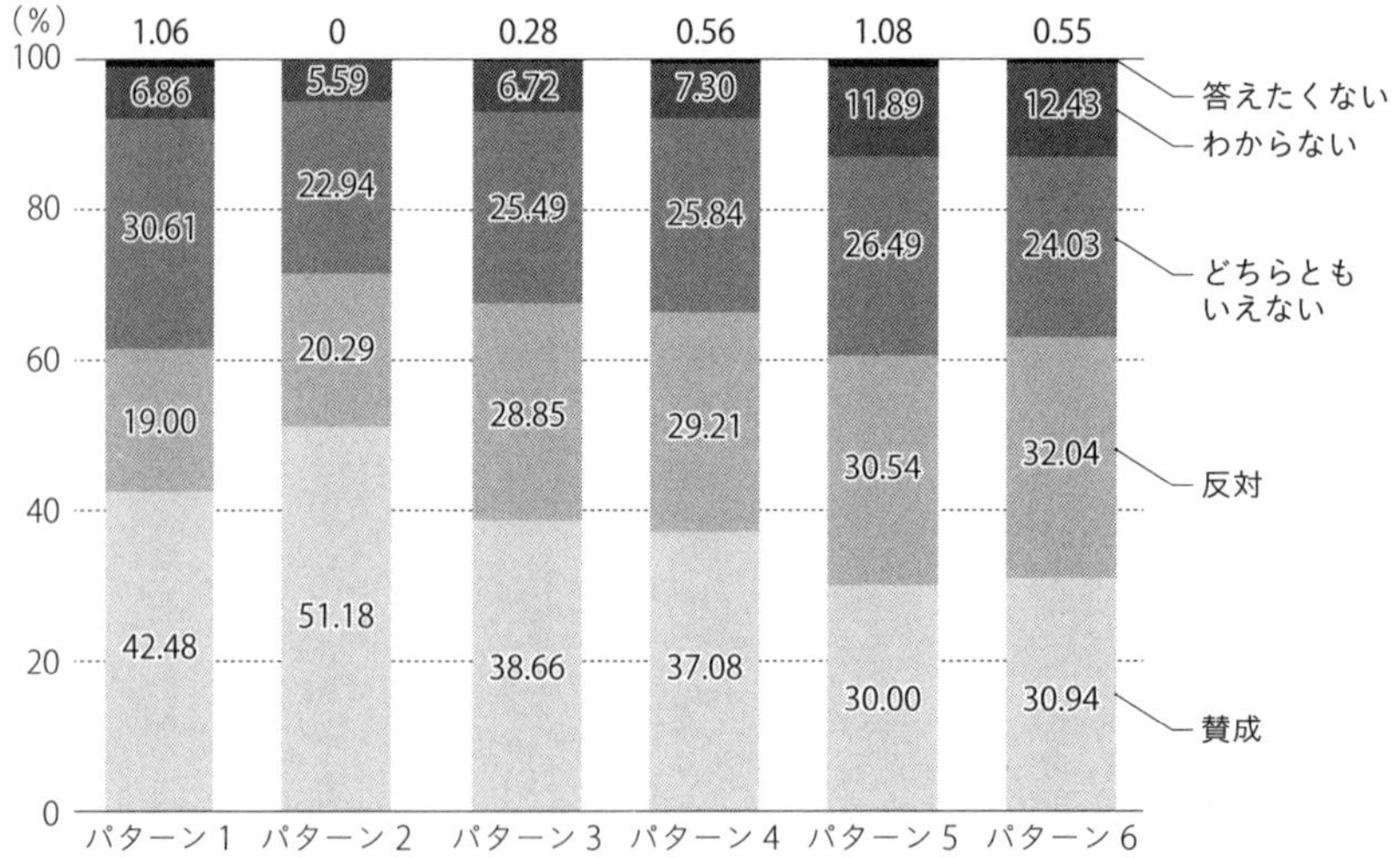

なり顕著なワーディング効果をみてとることができる。まず、ごく単純に「あなたは、憲法改正に賛成ですか、反対ですか」と訊いた場合（パターン1）と、やや長く「いまの憲法は戦後の占領下に制定されたもの」であり「その後一回も改正されていない」という説明をした後で賛否を訊ねた場合（パターン2）とでは、賛成と答える人の割合が後者で一〇ポイント近くも高くなっている。また、憲法改正の是非を総論として問うのでなく、第九条について個別に言及した場合（パターン3および4）、あるいは天皇についての条項や憲法改正要件についての条項に個別に言及した場合（パターン5および6）には、賛成が少なくなる傾向がはっきりとみてとれる。ここで重要なのは、賛否のレベルそのもの、すなわち何パーセントぐらいの人たちが賛成か反対かということより、質問の訊ね方で明らかに差が出るということにある。ワーディングによってこれほどまでに回答の分布に違いが見られるのは、憲法改正に対する人々の態度が定まっていないことの一つの証左であろう。

もっとも、このようなバラツキが一時点においてだけ見られるのであれば、前記の結果は偶然の産物だという可能性を否定できない。そこで、筆者は、同じ六つの質問パターンを含む調査を、二〇一三年三月だけでなく、第二次安倍政権で初めての国政選挙となる参院選が行われた二〇一三年七月まで、計五回にわたって毎月実施した。すると、程度や詳細に差はあれ、どの回においても、質問ごとに回答分布が異なることが確認された。加えて、この五回の連続調査の結果を通しても、選挙が近づくにつれてバラツキがだんだん小さくなっていく、というような傾向は見出されなかった（紙幅の関係で詳しい報告は省略する）。こうしたことから、憲法改正に対する日本の有権者の態度は、少なくとも二〇一三年夏の参院選までは、けっして安定していなかったと解釈して差しつかえないであろう。

さて、ワーディングの違いが生み出す効果は、単に人々の態度形成に影響するだけではない。実は、そ

表3-2　自民党投票に対する憲法改正への態度の影響

	変　数	憲法改正支持	自民党支持	イデオロギー	政治知識	定数	N
パターン1	憲法のみ	0.888*** (0.256)				-1.247*** (0.164)	322
	統制あり	0.727** (0.331)	2.636*** (0.340)	0.180** (0.0748)	0.153* (0.0899)	-3.532*** (0.602)	280
パターン2	憲法のみ	1.053*** (0.259)				-1.597*** (0.194)	337
	統制あり	0.748** (0.338)	2.598*** (0.343)	0.129 (0.0786)	0.0799 (0.0956)	-3.482*** (0.609)	291
パターン3	憲法のみ	1.145*** (0.249)				-1.368*** (0.173)	333
	統制あり	1.212*** (0.333)	2.759*** (0.338)	0.0265 (0.0708)	-0.111 (0.0891)	-2.127*** (0.543)	280
パターン4	憲法のみ	0.655*** (0.246)				-1.166*** (0.165)	330
	統制あり	0.106 (0.347)	2.855*** (0.352)	0.0420 (0.0755)	-0.0453 (0.0884)	-1.989*** (0.556)	290
パターン5	憲法のみ	0.531** (0.241)				-0.924*** (0.161)	319
	統制あり	0.156 (0.338)	3.012*** (0.341)	0.123* (0.0747)	0.00911 (0.0905)	-2.605*** (0.585)	277
パターン6	憲法のみ	0.921*** (0.285)				-1.209*** (0.180)	258
	統制あり	0.364 (0.343)	1.973*** (0.356)	0.0963 (0.0795)	0.0903 (0.0873)	-2.455*** (0.563)	230

[注]（　）内は標準誤差。有意水準***：$p<0.01$, **：$p<0.05$, *：$p<0.1$

れは人々の政治的な行動をも左右する可能性がある。筆者が二〇一三年七月に実施した調査は、参院選の直後に実施したので、選挙でどのように投票したかという質問もあわせて訊ねていた。そこで、この回の調査から得られたデータを用いれば、憲法改正に関する態度が実際の投票行動に影響を与えたか、より具体的には、憲法改正に賛成を表明する人は自民党に投票する傾向がより強かったかについて、統計的に分析することができる。

表3-2は、異なるパターンを見せられた六つの回答者グループごとに、ロジスティック回帰分析という手法を用いた分析結果をまとめたものである。この表によると、憲法改正への態度と投票行動の二変数だけ

の関係に着目した場合には、どのパターンで訊ねようとも前者の後者への影響がすべて統計的に有意な結果として推定されており、憲法改正に賛成を表明する人ほど自民党へ投票する傾向が強いようにも見える（各パターンの上段）。しかし、憲法改正への態度に加えて、ふだんから自民党を支持しているかどうか（「自民党支持」）、一〇点尺度で自分のイデオロギーをどのように位置づけるか（「イデオロギー」）、さらには政治に関するいくつかの質問に対する正答率ではかる政治知識の多寡（「政治知識」）といった統制変数を加えると、憲法改正への態度が投票行動に影響を与えるかどうかには、グループごとの分析結果に違いが表れる（下段）。すなわち、パターン1～3で訊ねた場合には、憲法改正への態度は他の統制変数から独立して依然として統計的に有意な影響を投票行動に対して与えている。しかし、国防軍の明記（パターン4）、天皇の元首化（パターン5）、憲法改正要件の緩和（パターン6）を個別に訊いた場合には、改正に賛成することが自民党への投票確率を高めるとはいえないという結果が出ている。以上から、憲法改正は、一般の有権者にとっては複雑もしくは難しい問題として認知されており、その賛否が安定した態度を形成したり一貫した行動指針となったりするわけではないことが示唆される。

同一回答者による回答の不一致

ここまでは、各月ごとに抽出した約二〇〇〇人の回答に基づいて分析を行った結果を提示してきたが、筆者は次のようなサーベイ実験も行った。すなわち、二〇一三年三月の時点で、一〇〇〇人ほどのサンプルを別に抽出しておき、この回答者たちには、一回限りではなく、四月、五月、六月、七月と、続けて調査に参加してもらい、憲法改正について質問のパターンを変化させて訊いたのである。

具体的に見ていこう。この別枠の約一〇〇〇人の回答者のうち、三月にパターン1で憲法改正への賛否

表3-3 同一回答者による回答の相関：グループ1

(N＝119)

	3月（パターン1）	4月（パターン2）	5月（パターン1）	6月（パターン1）	7月（パターン2）
3月（パターン1）	1				
4月（パターン2）	0.5157	1			
5月（パターン1）	0.5751	0.7006	1		
6月（パターン1）	0.5698	0.7060	0.7796	1	
7月（パターン2）	0.4750	0.6409	0.7774	0.7738	1

を訊ねられた人は一四五人おり、そのうち七月まで連続して回答してくれた回答者は一一九人であった（グループ1）。表3-3は、これらの回答者たちが、その五ヵ月間にわたって、どのパターンの質問に回答したのかを表している。

この表に示されている通り、これらの回答者たちには、四月にはパターン2を見せ、五月にはパターン1を、六月にはもう一度パターン1を、そして七月にはまたパターン2を見せる、という操作を行った。各セルの数字は、相関係数という統計値であり、この値が高ければ高いほど比較されている二時点での回答の一致が多いことを表している。[註2] もし、一一九人全員が二時点でまったく同じ回答をすれば相関係数は1となるが、ここにある値はそれよりもかなり低い。たしかに、パターン1を見せられた人が、その翌月にパターン2を見せられると、憲法改正の是非についての回答が一致しないというのは、先述のワーディング効果をふまえると予測できることかもしれない。しかし、この表を見ると、たかだか二ヵ月というきわめて短期間に、同一のパターン1の質問を繰り返し訊いても、相関係数が1に遠く及ばない値になっていることが見てとれる。もっとも、このグループについては、選挙が近くなった連続調査の後半では、回答の相関が高くなってきたこともうかがえる。

同じことを、最初の三月の時点においてパターン3で賛否を訊ねられた

表3-4　同一回答者による回答の相関：グループ3

（N＝114）

	3月（パターン3）	4月（パターン4）	5月（パターン3）	6月（パターン3）	7月（パターン4）
3月（パターン3）	1				
4月（パターン4）	0.5372	1			
5月（パターン3）	0.5055	0.5501	1		
6月（パターン3）	0.5002	0.5149	0.5461	1	
7月（パターン4）	0.4186	0.4459	0.4489	0.5268	1

回答者（グループ3）についても見てみよう。これらの回答者には、四月にはパターン4、五月にはパターン3、六月にはもう一度パターン3、そして七月には再度パターン4を見せる、という操作を行った。先の表3-1で確認できる通り、パターン3とパターン4は、どちらも現行憲法第九条を改正することの賛否を訊ねており、違いは自民党の改正草案に出てくる「国防軍」という言葉が明示化されているかどうかだけである。表3-4を見ると、ここでも異なる時点の回答の相関はかなり低くなっていることが見てとれる。戦後を通して、憲法改正論議の中心的なテーマが九条の改正についてであったことはいうまでもない。しかし、その九条についてでさえ、わずか二ヵ月程度のあいだに意見が一致しなくなる回答者が多くいるのである。

さらに、三月に天皇制についてのパターン5の質問と改正要件についてのパターン6の質問で改正賛否を訊ねられた二つのグループの回答者（グループ5と6）についても見てみよう。これらのグループに対しては、異なる質問を見せるという操作ではなく、同じ質問文をずっと繰り返しながら、現行の条文を参考のため見せるか見せないかで、はたして回答が一致しなくなるかどうかをみた。具体的には、三月は条文ありのバージョン、四月は条文なしのバージョン、五月は条文あり、六月は条文あり、そして七月は条文なし、という操作を行った。表3-5および表3-6からは、

表3-5　同一回答者による回答の相関：グループ5

（N＝146）

	3月（条文あり）	4月（条文なし）	5月（条文あり）	6月（条文あり）	7月（条文なし）
3月（条文あり）	1				
4月（条文なし）	0.3724	1			
5月（条文あり）	0.3807	0.4090	1		
6月（条文あり）	0.3754	0.4930	0.3877	1	
7月（条文なし）	0.2482	0.5704	0.4606	0.4075	1

条文ありとは、以下の条文を回答者に見せたことを意味する

憲法第1条
天皇は、日本国の象徴であり日本国民統合の象徴であって、この地位は、主権の存する日本国民の総意に基く。

表3-6　同一回答者による回答の相関：グループ6

（N＝134）

	3月（条文あり）	4月（条文なし）	5月（条文あり）	6月（条文あり）	7月（条文なし）
3月（条文あり）	1				
4月（条文なし）	0.4496	1			
5月（条文あり）	0.3897	0.5147	1		
6月（条文あり）	0.2982	0.4424	0.6717	1	
7月（条文なし）	0.3497	0.5677	0.5888	0.6207	1

条文ありとは、以下の条文を回答者に見せたことを意味する

憲法第96条第1項
この憲法の改正は、各議院の総議員の3分の2以上の賛成で、国会が、これを発議し、国民に提案してその承認を経なければならない。この承認には、特別の国民投票又は国会の定める選挙の際行われる投票において、その過半数の賛成を必要とする。

この二つの条項を個別に訊いた場合は、異時点間の相関係数がとくに低いことがわかる。ただし、憲法改正要件については、相関係数が時間を経るほど（つまり参院選に近づくほど）高くなり、人々の態度がしだいに結晶化していったという、興味深い様子もみてとれる。実際の回答分布を見ると、第九十六条の改正に対しては、時間が経つにつれて反対が圧倒的に多くなり、この問題の意義や意図が理解されるようになるにつれて、人々の不支持の態度が安定していったことがうかがえる。

これら一連の分析結果は、一般の有権者が憲法改正について日頃からもっている態度が不安定であることを、さらに補強的に示す証左として位置づけられる。ワーディング（あるいは条文有無の異なるバージョン）効果が回答の不一致を生むだけであれば、たとえば「総論としては改正に賛成だが各論は反対だから」とか「個別に賛成する条項もあればそうでない条項もある」といった事情があるという解釈の余地もある。しかし、ここでの分析では、同じ人がまったく同じワーディング（バージョン）で訊ねられても、ほんの数ヵ月経っただけで、前と一致しない回答をすることが明らかになったのである。

比較でみる憲法改正への態度の不安定性

もちろん、憲法改正に関する態度の不安定性がどれだけ顕著かは、他の質問項目に対する回答の安定性との相対的比較によってでしか、推し量ることができない。そこで、その目的のため、連続調査に含まれていた他の質問項目の中で継続的に訊ねられていたいくつかをピックアップし、回答の推移を比べてみよう。ここでは、前記のグループ1の回答者に同一のパターンの質問をした三月、五月、六月に限定し、このグループの中で三回とも回答してくれた一二二人が政党支持、購読している新聞、増税への賛否、外国人参政権付与への賛否について、どのように答えていたかをまとめてみた（表3-7）。

表3-7　態度の安定性の比較

(N＝122)

憲法改正	3月	5月	6月
3月	1		
5月	0.5831	1	
6月	0.5792	0.7839	1

増　税	3月	5月	6月
3月	1		
5月	0.7267	1	
6月	0.5465	0.6325	1

外国人参政権	3月	5月	6月
3月	1		
5月	0.8110	1	
6月	0.8539	0.9069	1

購読新聞	3月	5月	6月
3月	1		
5月	0.9415	1	
6月	0.9322	0.9487	1

支持政党	3月	5月	6月
3月	1		
5月	0.8167	1	
6月	0.8009	0.8405	1

この表では、購読新聞においてきわめて高い一致が見られることは予想通りといえるが、選択肢のカテゴリーがはるかに多い政党支持の質問に対しても、人々はかなり一貫した態度を形成していることが明らかとなっている。実際、政党支持に関する回答の相関係数は、憲法改正への態度のそれと比べても高い。一方、個別の政策に対する態度についてはイシューによって安定性に差があることがうかがわれる。外国人に参政権を付与することについては、人々の態度は安定しているが、増税への賛否については必ずしもそうとはいえない。総じて、また公平にいって、憲法改正をめぐる態度の安定性は、政治や政策をめぐる態度の中でも安定性の低い部類のイシューと同レベルである、というべきであろう。

結　論

筆者がそのタイミングと合わせて連続調査を実施した二〇一三年七月の参議院議員選挙は、前年の総選挙で政権に返り咲いた自民党が、いわゆる国会のねじれ状態に終止符を打った重要な選挙であった。そして、これに大勝したことで、第二次安倍内閣は、長期政権への布石を打つことに成功した。この選挙へと至る過程で、安倍氏は、当初憲法問題を取り上げ、とりわけ第九十六条の改正要件の緩和についての議論を高めようとした。しかし、その後、憲法改正は選挙戦の主要なイシューとして取り上げられることはなく、安倍氏自身もこの選挙での大勝利にもかかわらず、憲法（第九十六条）改正についての信任が得られたという解釈をとることはけっしてしなかった。

なぜ、安倍氏は、政権のスタートダッシュの時期に当たり勢いのあったこの参院選で、憲法改正をもっと堂々と争点化しなかったのか。本章で提示したデータとその分析では、少なくともこの時点において、有権者が憲法改正問題について固まった態度を形成していなかったこと、またさまざまな変数をコントロールした上では、改正支持の態度が投票行動に与えた影響はきわめて限定的であったということを明らかにした。政治家側からすれば、このように有権者の態度が不安定な中、憲法改正を前面に押し出しても、有権者がどのような反応に出るかは予測がつかない。安倍氏が、憲法改正を正面切って争点にすることに躊躇したのは、流行りの言葉を使えば、国民の政治意思をまさに「忖度」していたから、ということであろう。

もちろん、安倍氏がそのような有権者の態度を本当に考慮したかどうかは、安倍氏本人にしかわからない。しかし、憲法改正について国民がどのような意見や態度をもっているかについては、当然政治家も非常に高い関心をもって見守っているところであり、自他共に憲法改正論者と認める安倍氏が、（おそらく筆者が行ったよりもさらに）大規模な調査を自前で実施して有権者の意思を探っていたことは、間違いないと思われる。その結果として、日本人の憲法改正に対する態度が定まっていないことを、安倍氏自身がよく察知していたと考えても、まったく不自然ではない。

さて、時は過ぎ、人々の意見や態度にも、当然変化が訪れる。筆者がこの調査を行ってから、すでに五年の歳月が過ぎようとしており、このあいだに有権者の憲法改正に対する態度は、より結晶化し安定的になっている可能性もある。その後このテーマに沿った継続調査を行っていない筆者は、そうした可能性を否定する根拠をもちあわせていない。しかし、安倍氏が憲法改正を争点化しようとすればできた国政選挙をすでに何度も経験し、しかもその度に実際には争点としなかったことは、動かしがたい事実である。それは、まだ現時点でも、国民の憲法改正に対する態度が安定的になっていないことを暗示しているように、筆者には思えて仕方がないのである。

註

1　以下で使用するデータは、筆者が主宰した研究プロジェクト「日本人の外交に関する選好形成メカニズムの研究」で、二〇一一年十月から二〇一三年九月まで毎月行ったウェブ調査の中の第一八回（二〇一三年三月）から第二二回（二〇一三年七月）の調査結果から得られたものである。

2　正確には、相関係数は、「賛成」、「反対」、そして「どちらとも言えない」と「わからない」とを合わせた態度留保カテゴリーの、三つの回答の一致を見ることで求めた。

Ⅱ　実験が解明する政治経済のロジック

第Ⅱ部には、筆者が最近まで取り組んできた中で、とくに重要だと思われる二つの研究テーマについての論考を収めている。第四章はここ二〇年ほど国際政治学や対外政策論の分野で中核的な位置を占めてきた「観衆費用」という概念について、また第五章は経済学の合理性の枠組みでは捉えきれない「バンドワゴン行動」についてであり、どちらも日本で行ったサーベイ実験の成果をもとにして書かれている。

第Ⅰ部と比べると、第Ⅱ部で展開される議論やその組み立ては、やや専門性が高いと受けとられるかもしれない。しかし、ここで検証されている人々の行動パターンや現象はどちらも、学術研究の対象としてだけでなく、広く一般の読者の関心に値するものと思われる。どちらも、現代における政治と経済のあり方を論じる上で避けて通れない基本的問いを投げかけているからである。

第四章は、日本における観衆費用について、学会や専門的なワークショップなどで発表した学術論文をもとにしている。筆者は、このテーマがきわめて重要であるとの自負から、どのような形で研究成果を公刊するのがベストかとずっと迷い続けてきた。しかし、同業の研究者だけでなく、広く一般の読者に向けて堂々とその意義を問うべきであると決心し、本書に収めることにした。そのため、先行研究のレヴューや註を大幅に削り、また実験の手順の説明も最小限に留めている（こうした詳細に興味のある同業者の方は、公開されている学会報告のほうを参照していただきたい）。実験デザインやデータ分析で多大な貢献をし、二〇一二年に国際学会で初めて論文を発表した当時の共著者であった飯田邦彦氏には、筆者がその後単独で研究を発展させ、この度このような形で公刊することを許可していただいたことも含め、深く感謝する。

第五章は、二〇〇八年三月に『日本経済新聞』のコラム「経済教室」に掲載された小論をもとにしている。当時、筆者は日本を代表する経済学者および心理学者たちが参画した社会科学における実験アプローチを用いた大型の研究プロジェクトの末席を汚していたのであるが、オリジナルで面白い実験デザインをなかなか思いつかないで困っていた。そんな中、次世代ＤＶＤをめぐる商戦が話題となっていることを知り、それを題材にして直ちに実験を行い、一気に論文として仕上げた。この度本書に収録するにあたって、データ分析を補足し、修正加筆した。なお、共著者である荒井紀一郎氏は、初出論文執筆時にはまだ筆者の指導下の院生であったが、現在はすでに一人前の研究者として幅広く活躍している。このような形での共著論文の再録を快諾してくださったことに感謝する。

第四章　日本における「観衆費用」と対外政策論

国際的な危機をめぐる交渉においては、一方の国の指導者が他方の国に対して、特定の行動をとらせたりあるいは特定の行動を阻止したりする目的で、約束をし、脅しをかけることが行われる。しかし、約束や脅しが実施されず「カラ約束」や「コケ脅し」で終わった場合、その指導者は国内で何らかの政治的コストを被ると考えられる。指導者が受けるこのペナルティは、外交や国際関係を専門とする研究者のあいだで「（国内）観衆費用（domestic audience cost）」と呼ばれている。観衆費用の概念は、一九九〇年代後半以降、この分野の学術研究において最も中核的な位置を占めてきた。本章の目的は、この観衆費用が日本でも存在するのかを、データによる裏付けをもって検証することにある。

観衆費用の存在を、サーベイ実験、すなわち実験デザインを世論調査の中に組み入れて行う分析手法を通じて初めて実証したのは、筆者のアメリカにおける共同研究者であるスタンフォード大学教授マイケル・トムズである。[註1] 本章では、まずトムズの実験を日本のコンテクストにおいて厳密に再現し、まったく同様の結果が得られることを示す。さらに、観衆費用という概念に懐疑的な論者が繰り返してきた批判に応えるべく、新しい実験デザインを独自に考案し、観衆費用が発生するという実証結果がさまざまに異なる条件のもとでも頑強であることを明らかにしていきたい。

観衆費用とは?

国際危機は、軍事力の行使を背景にして、ある国家が別の国家に対し、領土や資源の獲得などの何らかの政治目的を達成しようとする際に起こる。一昔前までの外交・国際関係研究では、こうした危機状況は、国際システムの機能(不全)、勢力バランス(の崩壊)、また特定の軍事ドクトリン(の擡頭/衰退)など、おもにマクロ的要因を強調する視点から分析されてきた。[註2] しかし、一九九〇年代後半からしだいに、国際危機の帰趨を決める上では国内政治過程こそが重要だとする考えが有力となった。この理論的枠組みを発展させる契機となったのは、J・フィアロンが一九九四年に発表した画期的論文である。[註3]

フィアロンの議論は、以下のように要約できる。国際危機をめぐる交渉では、一方の国の指導者が相手国の行動を特定の方向に導こうとして、約束をしたり脅しをかけたりすることがある。これらの約束や脅しが実施されなかった場合、その指導者に何の政治的コストが生じないということは想像しがたい。たとえば、民主主義国家では、指導者の支持率が顕著に低下したり、次の選挙で敗北したりといった形でペナルティを受けると想定できる。フィアロンは、これを「観衆費用」と呼び、その存在こそが危機状況におかれた国家が自らの決意や覚悟を対外的に明確にする上で鍵となる、と主張する。ゲーム理論の用語を借りれば、国内で発生する観衆費用は、さもなければ「チープトーク」にすぎない指導者の言動を、対外的に「信憑性のあるコミットメント」へと転換し、相手国がその言動を真剣に受け止めるようになるメカニズムとして機能する。そして、まさにこうしたメカニズムが働くがゆえに、圧倒的に多くの危機は、最終的に戦争にまで発展することがない、というのである。

この議論は、直感的に妥当に思える。しかし、国際政治の考え方を根本的に変えたと称賛を浴びる一方で、観衆費用の概念やそれをもとにした理論モデルに対しては、いくつかの観点から批判が寄せられてきた。中でも重要かつ根強い批判としては、コケ脅しやカラ約束をしたとしても、国民はその指導者を必ずしもネガティヴに評価するわけではない、という見解がある。[註4] これは、観衆費用という概念そのものに対して懐疑の目を向ける批判である。たとえばポーカーなどのカードゲームをした経験がある人ならば、誰しもそうしたゲームの中で「ブラフ（はったり）」をかけることの効用を理解できるであろう。同じように、国民の多くは、相手との交渉を有利に進めるため外交の駆け引きとしてブラフをすることの意義を認める可能性がある。そうだとすると、危機的状況下で指導者がコケ脅しやカラ約束によって紛争をエスカレートさせたとしても、そうした言動には「簡単に相手国に妥協しない」外交を実践したとして、むしろポジティヴな評価が与えられるかもしれない、というのである。

もう一つ、方法論的な問題として、観衆費用は実際に観察することが困難だ、という指摘がある。この困難は、観衆費用のロジックに由来する。というのは、もし指導者が「コケ脅しやカラ約束をすると国内的反撥を受ける」と正しく認識するならば、その指導者がわざわざ観衆費用を発生させるような形で発言したり決定を下したりするとは考えにくいからである。いいかえれば、観衆費用の論理が正しければ正しいほど、そして、そのことを指導者が認識していればいるほど、現実世界で観衆費用を観察することはできないことになるはずである。

さらに、観衆費用が存在すること、また観衆費用が重要な役割を果たすことを認めたとしても、観衆費用がどのようなメカニズムによって生じるのかがよくわからない、という批判もある。フィアロンの当初の定式化では、非民主主義国家より民主主義国家で大きな観衆費用が発生するとされており、そこではプリンシパル=エージェント（本人=代理人）理論に基づいた説明がなされていた。

民主主義諸国において、外交政策は本人（有権者）の代理人によって策定される。本人は、選挙を通じて、あるいは世論の働きを通じて、代理人を罰する能力をもっている。これに対して、権威主義諸国においては、多くの場合本人は自らの手で外交政策を実施する。（中略）本人自らが外交政策を立案できる場合においては、危機状況において引き下がった場合に自身を処罰する（たとえば、権力の座から降りる）ことに、信憑性をもってコミットすることはできないかもしれない。（p.581、河野訳）

問題は、これとまったく逆の議論を立てることもできるという点にある。たしかに民主主義国家においては、世論調査などで指導者の支持率が低下したり、次の選挙の結果が指導者にとって不利であったり、あるいはその両方の形で、観衆費用が発生すると考えられるかもしれない。しかし、権威主義体制国家の指導者が対外的にコケ脅しやカラ約束をすると、民主主義国家の指導者以上に制御不能な激しい国民の抗議運動に直面する、と考えることもできる。そのような運動は、支配エリート内部での権力闘争を生じさせ、ひいては指導者の国外追放や暗殺といった事態を招く可能性もある。つまり、選挙や世論、あるいは民主主義的な制度だけが、観衆費用の源泉だとは必ずしもいえないのである。

民主主義体制と権威主義体制とで、どちらが国際危機交渉においてより有利かという問いは、理論的のみならず実証的に決着がつけられるべきであり、実際、民主主義と外交的帰結の関係については多くのデータ分析が積み重ねられている。しかし、こうした実証の蓄積が進んだとしても、依然として重要な課題として残るのは、さまざまな民主主義国家における観衆費用の存在を直接的かつ明示的な形で検証するという作業である。対外関係において民主主義国家がもつ利点が明らかにできたとしても、トムズが指摘した通り、そのこと自体はその「効果が観衆費用に由来するものか、あるいは政治体制間の差に由来するものなのかを明らかにしない」。より近年では、マスメディアの発達など、民主主義国家において観衆費用のメカニズムを支える条件に着目する研究もあるが、そうした中では観衆費用の存在を実証するのではなく、むしろそれがあることが前提とされてしまっている。いうまでもなく一口に民主主義といっても、その制度や歴史的経緯は国ごとに大きく異なり、直面する国際危機状況のあり方もさまざまである。それゆえ、観衆費用の存在をデータ的根拠をもって確認できなければ、この概念の有効性に対する根強い懐疑論を沈黙させることはできない。

こうした中、アメリカにおいて、サーベイ実験の手法を用いて観衆費用の発生を初めて明快な形で示したのが、トムズが二〇〇七年に発表した前述の論文である。この研究では、回答者にまず国際危機の仮想シナリオが示され、その上でアメリカ大統領が行ったその状況への対処の仕方を支持するか支持しないかが訊ねられた。ただし、回答者はあらかじめランダムに実験群と統制群に振り分けられており、危機状況については同一の仮想シナリオが見せられたものの、実験群には大統領が軍事介入を宣言して危機をいったんエスカレートさせるがその後介入を行わないとした対処の仕方が、一方統制群には大統領はそもそもアメリカ軍の介入を行わないとした対処の仕方が、それぞれ提示された。トムズは、この二つのグループのあいだで、大統領に対する事後的な支持率に統計的に有意な差が見出せることを明らかにした。この差こそ、一度は拳を上げたものの実行せずにそれを取り下げた行動に対するペナルティ、すなわち観衆費用を表している、というわけである。

日本で実験をレプリケートすることの意味

以下では、日本の文脈においてトムズの実験を忠実にレプリケート（再現）するとともに、いくつかの点でそれを拡張し、観衆費用の発生がさまざまな条件のもとで起こることを示していく。

トムズの分析手法は斬新でその実証も見事に成功しているといえるが、残念ながら、トムズが得た結果だけでは観衆費用概念の有効性を疑う頑固な懐疑論者たちを説得できない、と筆者は考える。なぜなら、懐疑論者たちは、たとえばアメリカという国家の例外性、すなわちアメリカのユニークな大統領制度や、アメリカの政治過程が世論の動向にきわめて敏感であるといった点を強調し、この結果のみから民主主義国全般で観衆費用が発生することの証左が得られたとはいえない、などと反論すると思われるからである。こうした懐疑論者の批判に答えるには、対外関係の上でも、日常的な政治慣行の上でも、アメリカとは、大きく異なる国で実験をレプリケートし同じ結果が得られるかどうかを確認することが必要である。日本を対象にして実証研究を行う意義は、まさにここにある。

日本とアメリカとのあいだには、議院内閣制と大統領制の違いがあることはいうまでもないが、そのほかにも民主主義政治の特徴において、いくつかの大きな違いがある。まず、日本の首相は、先進民主主義国家の中で比較的弱い影響力しかもたない政治指導者と見なされている。近年では、小泉純一郎と安倍晋三は明確な例外であるが、この二人以外の日本の首相は在任期間も短く、外交面で強いリーダーシップを発揮してこなかったという評価が下されることが多い。アメリカの大統領が、制度的に少なくとも四年間にわたって強大な政治権限を付与され、カリスマ性もしくは強い個性を備えていなければそもそもその地位に就くことができないのと、きわめて対照的である。加えて強調されるべきは、第二次世界大戦後、日本がいかなる軍事行動もとったことがないという決定的な事実である。日本国憲法第九条を中核とする平和主義のもと、戦後日本外交の政策オプションは、経済制裁や国連のもとでの平和維持活動など、アグレッシブでない手段に限られてきた。

まさにこうした制度的特徴や歴史的経緯をもつがゆえに、日本は観衆費用概念の有効性を裏付けるための格好な「ハードケース（困難な事例）」を提供する。つまり、強い指導者のもとで軍事行動を数多く経験してきたアメリカではなく、この日本においても観衆費用の存在が確認されるとすれば、その実証結果は、観衆費用が他の民主主義諸国でも広く観察されるであろうという含意をもつことになる。実際、以下で示すように、日本の首相はアメリカの大統領が直面するのとほとんど同じ観衆費用にさらされている。したがって、観衆費用が、強力な指導者をもち軍事行動の経験が豊かな大国に固有のものではなく、広く一般的に見出されること、現代の国際関係や外交のあり方を考える上でまさに中核的な概念であることが、本章の分析を通して示されるのである。

実験デザインと分析結果

本章が目指す究極の目標は、民主主義国家では、その制度的詳細や歴史的経緯の違いにかかわらず観衆費用が発生すると示すことにある。すでに述べた通り、日本を分析対象とするのは、日本の民主主義政治の特徴が、トムズが観衆費用の存在を初めて確認したアメリカのそれと、いくつかの重要な側面においてきわめて対照的だからである。したがって、ここで専念すべきは、日本に固有の実験デザインを新たに考案することではなく、トムズの実験を可能な限りそのまま正確に、日本の文脈に移し替えてレプリケートすることであろう。同一のデザインで実験を行うのでなければ、日本をハードケースとして設定し検証する意味はない。

幸いにトムズの実験は、一般的かつ抽象的なデザインで設計されている。そこで、筆者らは、注意深く翻訳をすれば、その枠組みはそのまま日本のコンテクストに移転できると考えた。ただし、同時に筆者らは、トムズが用いた状況設定が日本の一般の人々にとってなじみが薄く、難しすぎるのではないかという可能性にも、細心の注意を払った。具体的には、この可能性を排除するため、本実験を実施する前に予備的作業として「フォーカス・グループ・インタビュー」を行った。フォーカス・グループ・インタビューとは、質的なサーベイとでもいうべき手法であり、大規模抽出に基づくサーベイの欠点を補うべく、主に市場調査の分野で発達したテクニックである。そして、この目的のため、年齢や職業などが異なる六人の対象者に集まってもらい、経験豊富なモデレーターを介して約三時間にわたって注意深くインタビューを実施し、トムズの実験で使われた仮想シナリオや質問文に出てくる用語を日本語に訳しても、それらが困難なく理解されることを確認した。[註5]

①実験の手順とデザイン

では、実際に行ったサーベイ実験の手順とデザインを、順次紹介していこう。このサーベイ実験は、日経リサーチ社の協力により、二〇一一年八月にインターネットを通じて日本全国から抽出された成人男女

表4-1　国際危機状況の次元とパターン

要　素	カテゴリー			累積パターン数
(1) A国の政治体制	独裁	民主主義		2
(2) A国の侵略目的／理由	さらなる国力と資源を獲得すること	歴史的な対立	B国政府による少数民族虐殺を止めるため	2×3＝6
(3) A国の軍事力	強い（したがってA国の侵略を阻止するには大きな努力が必要とされる）	弱い（したがってA国の侵略を阻止するには大きな努力は必要ない）		6×2＝12
(4) 日本の利益を脅かすか	脅かす	脅かさない		12×2＝24

約二四〇〇人に対して行われた。実験に関わる部分の質問は、以下の導入の文章で始まる。

最初に、日本と世界の国々との関係について質問します。はじめに、日本が過去に何度も直面し、将来にもおそらくまた直面するだろうと思われる、ある仮想の状況について、読んでいただきます。こうした状況に対して、首相はさまざまな対応をとる可能性があります。そうした中から、一つの対応の仕方を紹介しますので、それを「支持する」か「支持しない」か、判断して下さい。

このパラグラフを読んだ後、回答者はウェブ上で次のページに進み、仮想の危機状況の記述を読むことになる。そこで提示された状況は、基本的にトムズの実験のものと同じであり、「ある国（A国）が隣国（B国）に軍を進め、侵略を開始しました」という文で始まる。これに続く部分は、トムズの実験と同じように状況の詳細が四つの要素に基づいてパターン分けされており、ランダムに割り振られた各回答者はそのうちの一つを与えられる。四つの要素とは、①A国の政治体制、②侵略の目的あるいは理由、③A国の軍事力の強弱、そして④日本の安全保障あるいは経済的な利害に影響を与えるかどうか、である。表

4-1にまとめた通り、筆者らの実験デザインでは、二四パターンの国際危機状況が用意された。

このパターン分けも、基本的にはトムズの実験を踏襲したものである。ただし、太字で示した、A国がB国内で進行中の少数民族虐殺を止めるために侵略を開始するという想定だけは、もとの実験デザインには含まれていなかったものである。このパターンを新しく付け加えたのは、国際危機の背景に規範的考慮が含まれる場合にも、観衆費用が発生するかを検証したいと考えたからである。トムズが取り上げた代表的な二つの侵略理由、すなわち国力/資源の獲得と歴史的対立は、道徳的に「正しい」とも「誤っている」とも一概にいえるものではない。これに対し、A国がB国内での大量虐殺を阻止するために侵略を開始する想定の場合、A国には自らの行動を正当化する道徳的大義が備わっていると考える人も多いであろう。はたして、そのような規範的な考慮が働く状況であっても、観衆費用は発生するのか。もしそのような状況でも観衆費用が発生することが確認できれば、それも、観衆費用という概念の普遍的な有効性を、さらに一段と強く示唆する証左とみなすことができよう。

さて、これらの危機状況に関する記述(のうちの一つ)を読み終わった回答者は、続けて日本の首相がいかにこの状況に対応したかを知らされる。ここでも、再びトムズの実験デザインをできる限り正確に再現することに努めたが、日本の政治的文脈に合わせるため、いくつかの小さな変更も行った。もともとトムズの実験で実験群と統制群とに与えられていたのは、次のそれぞれの想定である。

統制群:大統領は、アメリカはこの紛争に関与しないと発言しました。攻撃した国は、侵略を続けました。最終的に、大統領は軍を派遣せず、攻撃国は隣国を占領しました。

実験群:大統領は、もし攻撃が続くならば、アメリカの軍は侵略軍を撤退させると発言しました。最終的に、大統領は軍を派遣せず、攻撃国は隣国を占領しました。

この基本的なシナリオには、最小限の変更のみを加えた。まず「大統領」を「首相」へと変更し、「（アメリカの）軍」を「自衛隊」とした。そして、日本の自衛隊が日本領土の外側では限定された活動しか許されていないことを鑑みて、実験群のワーディングは「もし攻撃が続くならば、自衛隊はB国が侵略軍を排除するのを援助する」と修正した。

しかし、こうした微修正に加えて、筆者らはもう一つ別の実験群を設け、トムズの実験デザインにはなかったシナリオを用意することにした。それは、A国に対し自衛隊を派遣するのではなく経済制裁を発動すると首相が発言する（しかし最終的に経済制裁は行わない）、という想定である（この追加により、回答者は二つではなく三つのグループにランダムに振り分けられることになった）。先に述べたように、戦後の日本は軍事行動をとった経験がなく、多くの国民はそもそも自衛隊を海外に派遣することに消極的だと考えられる。また、いうまでもなく、戦闘地域へ自衛隊を派遣することと経済制裁を科すこととのあいだには、人命を危険にさらすかさらさないかなど、コミットメントのレベルの点で大きな開きがある。そこで、筆者らの実験では、コミットメントの度合いの低い政策である経済制裁の発動から引き下がった場合にも、コミットメントの高い自衛隊派遣から引き下がった場合と同様に、観衆費用が発生するのかを検証することとした。もしどちらの場合でも同じように観衆費用の発生が確認されれば、それも、観衆費用の概念の普遍性を示すさらなる証左となると考えたからである。

危機状況と首相対応の仮想シナリオについて正しく理解したことを確認した後、回答者全員に最後に、首相の対応を支持するか支持しないかという質問が訊ねられた。トムズの研究と同じく、この問いに対す

表4-2　自衛隊派遣のコケ脅しの国内観衆費用

		首相の対応		観衆費用（コケ脅し－非介入）	
		コケ脅し（%）	非介入（%）		
支持しない	まったく支持しない	38.9	29.9	8.9	11.9
	あまり支持しない	18.4	15.5	2.9	
どちらでもない	どちらかというと支持しない	7.7	6.5	1.2	-0.5
	どちらでもない	17.1	16.5	0.6	
	どちらかというと支持する	5.7	8.1	-2.3	
支持する	ある程度支持する	8.0	12.8	-4.9	-11.4
	強く支持する	4.2	10.7	-6.5	

［注］　実験群（コケ脅しシナリオ）：803人、統制群（非介入シナリオ）：819人

る被験者の回答は、「強く支持する」から「まったく支持しない」までの七点尺度で測定した。[註6]この質問に対する回答の分布の違いが、観衆費用の発生を直接的に物語ることになる。すなわち、もし観衆費用が存在するならば、平均的に、統制群の回答者は実験群の回答者よりも首相を支持する傾向が強いことがみてとれるはずである。逆に、グループ間で統計的に有意な差がみられなければ、観衆費用は発生しないということを意味し、それがわれわれが棄却したい仮説（帰無仮説）ということになる。

②実験結果と分析

前記のデザインおよび手順に従って行ったサーベイ実験の結果からは、日本においてもさまざまな国際危機状況のもとで一貫して観衆費用が発生することが確認される。まず、アメリカでトムズが行った実験結果が、日本でもまったく同様に再現されたことを示し、その上で、新たに付け加えた危機状況と指導者の対応についての実験結果を紹介する。

再現部分　表4－2は、再現した部分の実験結果である。こ

表4-3　アメリカでのトムズの実験結果

		大統領の対応		観衆費用（コケ脅し－非介入）	
		コケ脅し（%）	非介入（%）		
支持しない	まったく支持しない	31	20	11	16
	あまり支持しない	18	13	5	
どちらでもない	どちらかというと支持しない	8	9	0	-4
	どちらでもない	21	21	0	
	どちらかというと支持する	8	11	-3	
支持する	ある程度支持する	8	13	-6	-12
	強く支持する	6	13	-7	

［出所］　Tomz 2007, p.827, Table I.

こには、さまざまな危機状況（二四パターン）から得られた結果を集計して、首相の行動を支持すると答えた回答者、支持しないと答えた回答者、そしてどちらでもないと答えた回答者の割合が、まとめられている。この表から、平均して、自衛隊を派遣するというコケ脅しを行った首相の支持率（不支持率）は、最初から自衛隊を派遣するつもりがないことを明確にした首相の支持率（不支持率）よりも、低く（高く）なっていることがわかる。二つの差（統制群と実験群、それぞれにおける各回答率の差）は、表の右側の列に計算されており、日本においても観衆費用が存在することは歴然としている。

表4－2にみられる日本国民の反応は、アメリカを対象にした場合とほとんど同じである。表4－3は、トムズの実験結果を再録したものであるが、これらの二つの表を比較してみると、日本とアメリカのどちらにおいても、シナリオ間（実験群と統制群とのあいだ）の差は、指導者に対する積極的不支持の場合に最大の正の値をとり、積極的支持の場合に最大の負の値をとっていることがわかる。このように、日本の実験結果がアメリカとほとんど同一の傾向を一貫して示しているということは、民主主義の制度的詳細や歴史的経緯の違いにかかわらず、観衆

表4-4　経済制裁のコケ脅しの国内観衆費用

		首相の対応		観衆費用（コケ脅し－非介入）	
		コケ脅し（%）	非介入（%）		
支持しない	まったく支持しない	46.2	29.9	16.3	24.3
	あまり支持しない	23.5	15.5	8.0	
どちらでもない	どちらかというと支持しない	5.6	6.5	-0.9	-7.4
	どちらでもない	14.0	16.5	-2.5	
	どちらかというと支持する	4.0	8.1	-4.1	
支持する	ある程度支持する	4.5	12.8	-8.3	-16.9
	強く支持する	2.1	10.7	-8.6	

［注］　実験群（コケ脅しシナリオ）：749人、統制群（非介入シナリオ）：819人

費用が一般に有効な概念であることを示唆している。観衆費用は、指導者が有権者によって直接選ばれる大統領制であろうとなかろうと、指導者が強力なリーダーシップを発揮しようがしまいが、また軍事行動の経験が豊富であろうとなかろうと、同じように発生するといえるのである。

拡張部分　次に、筆者らが新たに加えた想定に基づく部分について実験結果をみていこう。新しく設定したパターンの一つは、危機状況下の首相が経済制裁を行うと発言（し、実際にはそれを行わないと）するシナリオである。戦闘地域に自衛隊を派遣するのに比べ、経済制裁を発動する選択がより平和的な外交手段であることはいうまでもない。日本のように平和主義に徹する国家の指導者は、国際危機に際して、経済制裁という政策を実施することをより容易だと思うかもしれないし、またそのことを日本の国民も認識していると考えられる。

しかし、この違いは、観衆費用発生に影響を与えない。実験結果をみると、より低姿勢な政策オプションであるにもかかわらず、経済制裁のコケ脅しを行った指導者は、自衛隊派遣の場合と同じく、相当な観衆費用に直面していることが明らかであ

る（表4－4参照）。実際、実験群と統制群とのあいだの支持率の差は、自衛隊派遣シナリオよりも経済制裁シナリオのほうが、より大きく開いていることがみてとれる。

アグレッシブな自衛隊派遣よりも、経済制裁というより平和的な政策を実施するといいつつ実行しそこねた場合のほうが指導者が被る支持率の低下が大きいという発見は、観衆費用の発生メカニズムについて、重要な示唆をもたらしている。経済制裁の発動は、（少なくとも日本においては）それがまさに穏当な手段だからこそ、指導者がそれにコミットし履行するであろうと、国民により高い期待を抱かせる政策である。民主主義国における観衆費用は、こうした期待と実際の行動との落差に由来するのであり、それは政策の実質的中身とは独立したメカニズムなのである。いいかえれば、政策がどれくらい実現しそうかということについて国民があらかじめ抱く期待が高ければ高いほど、実行されない場合の落胆は大きく、ここに観衆費用の源泉があると考えられる。

さて、もう一つ、筆者らがトムズのデザインを拡張した部分は、国際的な危機状況が起こる理由としてB国が少数民族の虐殺を行っており、A国がその虐殺を阻止するために侵略を開始した、という設定である。われわれの実験結果は、こうした規範的要素を追加しても、観衆費用発生にほとんど影響を及ぼさないことを明らかにしている。

表4－5および表4－6は、危機状況のコンテクストごとに、実験結果をまとめ直したものである。この結果は、虐殺を行っているB国に侵略したA国に対抗するための介入を公言し引き下がった場合にも、他の危機の想定と同様、指導者が相当の政治的コストを覚悟しなければならないことを示唆している。実際、この状況において指導者が被る観衆費用は、その他の理由（国力／資源の獲得や歴史的対立）での侵略に対して引き下がった場合と遜色なく、自衛隊派遣の文脈では最も大きい。ただし、表4－5および表4

表4-5 さまざまな状況ごとの自衛隊派遣と観衆費用

		自衛隊派遣を行わなかった場合の不支持（%）	−	当初から非介入を宣言した場合の不支持（%）	=	差
A国の政治体制	独裁	58.9	−	48.5	=	10.4
	民主主義	55.8	−	42.5	=	13.4
A国の侵略目的／理由	国力／資源獲得	61.0	−	55.9	=	5.1
	歴史的対立	55.6	−	43.8	=	11.7
	虐殺の阻止	55.4	−	36.6	=	18.8
A国の軍事力	強い	54.3	−	43.1	=	11.3
	弱い	60.3	−	47.6	=	12.7
日本の利益を脅かすか	脅かす	56.8	−	53.9	=	2.8
	脅かさない	57.8	−	37.5	=	20.3

表4-6 さまざまな状況ごとの経済制裁と観衆費用

		経済制裁を行わなかった場合の不支持（%）	−	当初から非介入を宣言した場合の不支持（%）	=	差
A国の政治体制	独裁	69.2	−	48.5	=	20.7
	民主主義	70.2	−	42.5	=	27.7
A国の侵略目的／理由	国力／資源獲得	77.4	−	55.9	=	21.5
	歴史的対立	73.5	−	43.8	=	29.7
	虐殺の阻止	57.0	−	36.6	=	20.4
A国の軍事力	強い	69.1	−	43.1	=	26.0
	弱い	70.3	−	47.6	=	22.7
日本の利益を脅かすか	脅かす	71.9	−	53.9	=	18.0
	脅かさない	67.5	−	37.5	=	30.0

－6をよく見ると、このシナリオを提示された人々は、A国の侵略理由が国力／資源の獲得や歴史的対立である場合に比べて、当初から何もしないと宣言した首相に対する支持率が顕著に高い（不支持率が低い）ことがわかる。おそらく、A国の侵略に対抗することは、B国の虐殺に加担することであるから、より多くの日本の国民がそもそも介入すべきでないと考える傾向が強いのであろう。ただし、そのような特殊な事情にもかかわらず、いったん介入すると宣言し、しかしそこから引き下がった首相に対しては、やはり大きなペナルティが科されるのである。

③実験結果の含意と限界

以上、トムズがアメリカで行ったサーベイ実験を忠実に再現し、日本でも観衆費用の存在を確認することができた。観衆費用が発生する傾向は、アメリカを対象にしてトムズが発見したパターンと驚くほど近似したものであった。日本が分析上の「ハードケース」を提供するという位置づけが正しければ、われわれの得た実験結果は、観衆費用という概念の一般的な妥当性をきわめて強力に示している。実は、筆者らは、ほとんど同じデザインによる実験を約二ヵ月後（二〇一一年十月）にも約二二〇〇人の被験者を対象にして繰り返したが、その結果もここで報告したものと変わらなかった。ほぼ同一の結果が二回続けて得られたことから、先に提示した結果および解釈が頑強であるという確証が得られたといってよいであろう。

もっとも、以上報告してきた実験とその結果の分析は、あくまでトムズによって考案された枠組みの踏襲にとどまり、そのような実証によって明らかにできることには限界があるのも事実である。この限界は、トムズの実験デザインの外的妥当性、すなわちそれがどれほど他にも当てはまると考えられるか、という点に関わる。

たしかに、トムズの枠組みに沿うとアメリカでも日本でも観衆費用が発生することが確認されたが、トムズの危機状況の設定が観衆費用の存在を確かめるために最も妥当な設定だといいきることはできない。フィアロンの当初の発想では、観衆費用の概念は、危機に直接関与している国家がその決意や覚悟を対外的に伝達する上で鍵となる、とされていた。しかし、トムズの実験デザインにおいて、観衆費用を負担することになる指導者は、直接紛争に関与している当事国の指導者ではなく、すでに起こっている危機に後から介入するかどうかを決めようとしている第三国の指導者という設定になっている。もちろん、当初の時点で第三国であっても、介入するかどうかを決める時点においては当事国となるのであるから、その位置づけの違いにさほど重要な意味はないと考えることもできるかもしれない。しかし、観衆費用に懐疑的な論者たちは、そのような解釈をおそらく受け入れないであろう。

すでに述べたように、懐疑論者たちが繰り広げる批判の中で最も重要なものは、危機に直面している国家の指導者が外交の一環としての「ブラフ」を、国民がむしろ肯定的に評価することがありうる、という主張である。ここで彼らが描く国際危機のシナリオは、あくまで自国が危機の当事国であるという設定にほかならない。そうした危機は、自国の存亡や重大な経済利益に関わるものと認識されているであろう。懐疑論者にしてみれば、トムズの実験を通して、第三国として介入するかしないかを決定している指導者に対する観衆費用が確認されたところで、そのような結果は(彼らが思い浮かべるシナリオの中での)観衆費用の存在を確認したことにはならない。頑固な懐疑論を払拭するためには、トムズの実験デザインとはまったく異なる枠組みが新たに必要となるのである。

新しい観衆費用実験

国益に直接的に関わる国際危機のもとでは観衆費用は発生しないという議論は、国民はそうした状況下では、指導者に外交上多くの裁量を与えるはずだという論理に支えられている。すなわち、そのような状況では、国民は指導者に、相手国からの譲歩を導くためであれば、外交交渉の過程で危機をエスカレートすることを許容する（もしくは奨励する）、というわけである。この論理に基づけば、いったん約束したことが反故にされたとしても、その指導者が国内において政治的コストを被ることはない。

筆者は、このような見解には与せず、民主主義国であれば、たとえ国益に関わる危機のもとでも、指導者に対する観衆費用は発生すると考える。大きな利害が関係している場合に、国民が外交上何の対策も打ち出さない指導者よりも、何らかの対策を打ち出そうとする指導者を高く評価するということは、もちろんありうる。しかし、無為無策に対するネガティヴな評価と、一度公言したことをひるがえすことに対するネガティヴな評価とは、まったく別次元の問題である。後者は、まさに観衆費用の源泉であるが、前者は状況判断や適切な対応を見誤る指導者に対する政策評価の問題である。筆者のみるところ、観衆費用概念に懐疑的な論者の多くは、この二つの次元をとりちがえている。

そこで、筆者は、この二つの次元を切り分けるべく、新しいサーベイ実験を考案し、二〇一三年七月、再び日経リサーチ社の協力を得て、抽出した三〇一四人の成人男女を対象に実施した。回答者に一様に提示された仮想シナリオは、日本が危機の直接の当事国となることを想定した、以下のようなものである。

中東のある産油国（X国）でクーデターが起こり、それまであった政権が倒れました。この国には、石油を採掘する権利を与えられた日本の企業が進出していましたが、クーデターで実権を握った新しい政府は、外国資本を排除するとして、この日本企業を国有化するという措置をとりました。

その後、実験群と統制群にランダムに振り分けられた回答者には、実験刺激としてそれぞれ次のような状況設定が与えられた。

統制群：日本の首相は「わが国はX国に対し、経済制裁をはじめとする対抗手段を発動することはしない」と発言しました。X国は国有化の措置を続けています。そして、結局のところ、首相がX国に対し経済制裁を発動することはありませんでした。

実験群：日本の首相は「X国が今回の措置をとり続けるなら、わが国はX国に対し、経済制裁をはじめとする対抗手段を発動する」と発言しました。X国は国有化の措置を続けています。ところが、結局のところ、首相がX国に対し経済制裁を発動することはありませんでした。

さらに、国際危機に関わる利害の大きさによって、観衆費用の発生が影響を受けるかどうかを検証するため、その利害の大きさに明示的にバラツキをもたせることにした。具体的には、このX国による国有化が、①日本全体の国益に大きな影響を及ぼすか否か、②進出していた日本企業の経営に大きな影響を及ぼすか否かに関して、計四パターンが用意された。たとえば、国有化により、日本の国益と進出していた日本企業の命運との両方に大きな影響を及ぼす場合には、国有化による損失で、この企業は倒産するだろうといわれています。また、X国の措置によって日本の石油供給にもたらされている混乱は、大きなものです。

と表記した。そして、傍線部をそれぞれ「することはないだろう」「小さな」と置き換えることによって、他のパターンを表すことにした。

表4-7は、国際危機の利害の規模のバラツキによる違いを考慮せずに、コケ脅しと最初から介入しない場合とのあいだの支持・不支持の分布の違いを示したものである。

ここで見出される支持・不支持の乖離は、トムズや前に筆者らが行った実験結果と整合的である。すなわち、全体として、最初から介入しないと公言した場合に比べて、コケ脅しを行うと「支持しない」と回答する人の割合が高く、逆に「支持する」と回答する割合は低くなっている。このことから、新しい実験デザインも、観衆費用の発生を捉えることに成功していると考えてよいであろう。

次に、国際危機が日本へ与える影響の規模によって、観衆費用の発生に差があるかどうかを確認しよう。国益および企業の利益の大小によって分けられる四パターンごとの結果を示したのが、表4-8である。ここで、不支持率とは「まったく支持しない」「あまり支持しない」「どちらかというと支持しない」を合算した数字である。

この結果をみると、国際危機に関わる利害の大きさにかかわらず、すべての想定のもとで、観衆費用が一貫して存在していることが確認できる。不支持率の差として測られる観衆費用に、パターンごとの（統計的に有意な）差がみられないからである。このことは、観衆費用概念に対する懐疑論の中心にある主張、

表4-7 新しい実験デザインのもとでの観衆費用

	首相の対応		観衆費用（コケ脅し—非介入）	
	コケ脅し（%）	非介入（%）		
まったく支持しない	18.8	15.9	2.9	4.8
あまり支持しない	18.2	16.3	1.9	
どちらかというと支持しない	16.2	13.5	2.7	2.9
どちらでもない	10.5	12.4	-1.9	
どちらかというと支持する	18.8	16.7	2.1	
ある程度支持する	10.8	14.9	-4.1	-7.7
強く支持する	6.8	10.4	-3.6	

［注］ 実験群（コケ脅しシナリオ）：1076人、統制群（非介入シナリオ）：1081人

表4-8 異なる国家利益／企業利益と国内観衆費用の規模

国有化による影響の大小		コケ脅しに対する不支持（%）	−	最初から非介入の場合の不支持(%)	=	不支持の差
国家利益	大	62.72	−	55.56	=	7.16
企業利益	大					
国家利益	大	51.49	−	44.60	=	6.89
企業利益	小					
国家利益	小	50.41	−	43.96	=	6.45
企業利益	大					
国家利益	小	47.70	−	39.41	=	8.29
企業利益	小					

すなわち直面する危機が重要であるほど指導者に外交上の裁量が与えられ観衆費用は発生しないという主張が、実証的に裏付けられないことを物語っている。

一方、国際危機に際して何ら対策をとらなかった首相が被るベースラインの不支持率の大きさそのものには、危機の重要性が影響を与えていることが見てとれる。日本の国益および日本企業の利益に大きな影響を及ぼす事態であるにもかかわらず、「最初から介入しない」と宣言した首相は、五五・五六%の回答者から支持されていない。これに対して、日本の国益にも日本

企業の経営にもそれほど大きな影響がない場合、「最初から介入しない」と宣言した首相の不支持率は三九・四一%にとどまっている。この差は、政策上の無為無策に対する(ネガティヴな)評価が、直面する危機の重要度によって変化することを表している。以上をまとめると、状況判断や対応を見誤る指導者に対する評価と観衆費用とが次元の異なる問題であることが、この実験結果から明瞭に示されているのである。

結論

国際関係や外交に関わる近年の研究では、観衆費用という概念が理論的にも実証的にも注目を集めてきた。本章では、この概念の重要性に鑑みて、その存在を実証すべく、マイケル・トムズが行った実験を日本の文脈でレプリケートした。日本全国を対象にしたサンプルから抽出した回答者に対する実験結果を分析すると、日本においても、さまざまな危機状況のもとで観衆費用が発生することが明らかとなった。

筆者らが行った実験では、さらに観衆費用の議論の妥当性をより高めるため、国際危機状況と指導者の対応に、二つのパターンを付け加え、新たな知見を得ることができた。第一として、経済制裁を実施するといいながら実施しなかった指導者は、自衛隊を戦闘地域に派遣すると宣言しその後引き下がった指導者と同程度かそれ以上の観衆費用を被ることがわかった。第二には、たとえ少数民族の虐殺を止めるための大義のある侵略であっても、その侵略国に対してコケ脅しを行った場合、指導者はやはり相当の観衆費用を被ることがわかった。これらの結果は、一見すると直感に反するようにも感じられる。しかし、その一方で、民主主義という政治体制のもとで観衆費用が発生するメカニズムの本質をよく示してもいる。すなわち、観衆費用を生み出すのは、指導者の言動ではなく、あくまで有権者の側の期待だ、ということである。穏当な政策を選ぶにせよ、人道的な要因を考慮した上で介入すると決定するにせよ、指導者が国際危機状況に対処するにあたっての何らかの決意を有権者に伝達することにおいては、何ら変わりはしない。政策の中身が何であれ、公的な決意表明は国民に一定の期待を抱かせる。そこから引き下がる指導者に対しては、ネガティヴな評価が下されるのである。

最後に、本章では、トムズの枠組みを超えて、観衆費用論に対して向けられてきた根本的な疑念を晴らすべく、独自の実験デザインを考案して実施した。結果として、危機状況に内在する利害の大きさにかかわらず、指導者は等しく観衆費用に直面することが、明らかとなった。観衆費用という概念にそもそも懐疑的な論者は、危機に直面した国家においては、国民は指導者に多くの裁量を認めると考え、相手国からの譲歩を引き出すためカラ約束やコケ脅しをしても必ずしも政治的ペナルティを指導者に与えるわけではない、と主張してきた。しかし、少なくとも筆者が行った実験結果は、そのような主張を実証的にしりぞける根拠を提供している。

筆者は、常々、対外政策は、政治エリートではなく、むしろ一般の国民の意識や態度にこそ、安定的で現実主義的な基盤が存すると主張してきた。日本では、外交の実務に携わってきた経験者や政治評論家を自称する人たちが、しばしば外交や安全保障は国家の大事であり「防衛や対外政策に関わる問題は、専門家に任せておくべきである」という趣旨の発言をする。しかし、そのような主張がなされるとき、本人たちの個人的「印象」以外に、確たるデータ的根拠が示されることはない。かつて永井陽之助は、岡崎久彦を批判する文脈で、文民支配の中核をなすのは健全なアマチュアリズムをおいてほかにないと述べたことがあるが、[註7] 専門家のほうにこそ、国際関係の現場に近いことから自らが及ぼしうる影響力を過信する危険、専門性ゆえの視野の狭窄によってバランスを欠く状況判断に陥る危険、そして過度な関与から生まれる特殊な利害関係によって国益を見失う危険があることも、忘れてはならない。

観衆費用という概念の重要性は、とりもなおさず、民主主義のもとでは一般の有権者も、国家の外交に関与する重要な政治アクターであることを物語っている。観衆費用を高めることで、相手国に送るシグナルやメッセージの信頼性が高まることについては、すでに膨大な理論的および実証の蓄積がある。本章が、そうした学術的研究の意義を、日本にとっても身近な問題として紹介できたとすれば幸いである。

註

1 Michael Tomz, "Domestic Audience Costs in International Relations: An Experimental Approach," *International Organization* 61 (2007), pp.821-840.

2 国際システムについては Morton A. Kaplan, *System and Process in International Politics*, New York: Wiley (1957)、勢力バランスについては Hans J. Morgenthau, *Politics Among Nations*, 5th ed., New York: Knopf (1973)（モーゲンソー、原彬久監訳『国際政治――権力と平和』上下、岩波文庫、二〇一三年）や Kenneth N. Waltz, *Theory of International Politics*, Reading, MA: Addison-Wesley (1979)（ケネス・ウォルツ、河野勝・岡垣知子訳『国際政治の理論』勁草書房、二〇一〇年）、軍事ドクトリンについては Barry Posen, *The Sources of Military Doctrine: France, Britain, and Germany between the World Wars*, Ithaca: Cornell University Press (1984) をそれぞれ参照。

3 James D. Fearon, "Domestic Political Audiences and the Escalation of International Disputes," *American Political Science Review* 88 (1994), pp.577-592.

4 代表的な批判として、Stephen M. Walt, "Rigor or Rigor Mortis? Rational Choice and Security Studies," *International Security* 23 (1999), pp.5-48 を参照。

5 二〇一一年六月に、日経リサーチ社のインタビュー・ルームで行った。このインタビューは、サントリー文化財団からの研究助成を受けて実現した。

6　正確には、七点尺度を構築する上でのトムズの方法を忠実に踏襲した。まず「首相による状況への対応を、あなたは支持しますか、支持しませんか」と訊ねた。これに「支持する」あるいは「支持しない」と答えた回答者には、それぞれ続けて「首相の対応を支持する（支持しない）気持ちは強いでしょうか、それともあまり強くないでしょうか」と質問した。他方、最初に「支持する」でも「支持しない」でもないと答えた回答者には、次に「どちらかというと支持する」「どちらかというと支持しない」そして「どちらでもない」の三つから選んでもらった。

7　永井陽之助「日本の『戦略論』を総点検する」『文藝春秋』（一九八四年四月号）。筆者はこの議論を、河野勝「どこに外交の現実主義的根拠を求めるか」『中央公論』（二〇一三年六月号）でより詳しく展開しているので、参照していただきたい。

第五章　バンドワゴン行動の政治経済分析

荒井紀一郎氏との共著

今日の政治学や経済学では、人々は（法的・予算的制約のもとで）合理的な意思決定をするものであるという前提に基づいて、さまざまな現象についての分析が進められている。そして、一般的には、合理性という概念は、人々が行動を起こす前からもっている「選好」（＝選択肢間の順序付け）や「効用」（＝満足の水準）といったものと不可分であると考えられている。すなわち、人々は、有権者もしくは消費者として、自らの選好や効用に基づいて、どの政治家・政党に投票するか、またどの財・サービスを購入するかを合理的に選択している、と想定されている。

しかし、価値観や選択肢が多様化した現代社会においては、人々はそもそも自分の選好や効用が何なのかがわからないまま、意思決定することを迫られる場面に遭遇する。また、現代社会は情報伝達のスピードや技術革新の進展が速く、まわりの状況が時々刻々変化する中で意思決定をしなければならないこともしばしば起こる。そうした中にあっては、人々の行動が合理的であることの根拠を、事前に確立され自ら十分に認知している（とされる）選好や効用との整合性だけに求めることはできない。もっといえば、事前の選好や効用を十分知りつつも、それらにとらわれずに行動することこそむしろ合理的である可能性も考えられる。

本章では、このことを物語る典型的な例の一つとして、消費者があたかも雪崩をうつかのように特定の商品を購入するようになる現象に焦点を当ててみたい。以下では、この現象を簡単な実験によって再現し、そのような現象が起こる原因として、人々が勝ち馬に乗るように行動すること——専門用語ではこれを「バンドワゴン行動」と呼ぶ——があることを明らかにする。まず、筆者らが行った実験の背景を説明し、続いて実験の詳細と分析結果を紹介する。そして、経済分野で見受けられるこうした現象が、はたして政治の文脈においてもそのまま起こりうるかについて検討する。

実験の背景——次世代DVD規格をめぐる競争

話は、一〇年ほど前にさかのぼる。当時、日本では大手の電気機器メーカーが、次世代DVDの規格をめぐって、熾烈な争いを繰り広げていた。東芝を中心とするグループが推進していた「HD DVD」とソニーなどが推進していた「Blu-ray Disc（BD）」とのあいだの競争である。しかし、この争いは、二〇〇八年の二月、東芝が「HD DVD」規格に基づく次世代DVD機器の開発と生産を全面停止すると発表し、決着がついた。

東芝をそのような決定に追い込んだのが、一般の消費者の動向であったことは間違いなかった。実際、その前年の年末商戦において、消費者たちはまさに雪崩をうつかのように、ライバルのBD規格の製品を購入するようになっていた。HD DVD機器のシェアは、一〇%程度にまで落ち込んでいたのである。

筆者らは、このような現象を生み出す原動力は、人々の「勝ち馬に乗りたい」という動機であると考える。かつての家庭用ビデオレコーダーの規格をめぐるベータとVHSの争いの時もまったく同じであったが、この種の規格競争は、結果として自分が多数派に回るか少数派に回るかの選択を消費者に強制することになる。もし自分が購入した機器の規格が競争に生き残るほうのものであれば、その人は将来にわたって豊富なサービスを受けられると期待できる。他方、競争に生き残らないほうの規格を購入してしまうと、その人には惨めな将来が待ち受けていることになる。

勝ち馬に乗ろうとする動機は、明らかに合理的である。しかし、この動機を選好や効用の一部として捉えたり、それらと同列に並べて論じたりすることはできない。後者はある一時点において定義されるものであるが、前者は一連の時間的流れの中で動学的にしか定義できないものだからである。先の例でいえば、勝ち馬に乗ろうとする消費者は、事前に「性能・デザインの点ではBDのほうが好きだ」とか、「価格の上ではHD DVDのほうがよい」といった選好や効用をもち、それらを自ら認知していた可能性もある。にもかかわらず――つまり、自らの選好や効用に抗して、もしくはそれらから独立して――人々は勝ち馬に乗ろうとし、それゆえに雪崩現象が起こった、と考えられる。

実験で雪崩を再現する

筆者らは、以上のように想定されたロジックを、実験を通して再現することを試みた。その結果からは、なぜ人々が自らの選好や効用と整合的でない意思決定をするのかを解明する上で、興味深いパターンが見出される。[註1]

具体的には、この実験は、東芝が事業からの撤退を表明する直前に、日経リサーチ社の協力により、同社に登録した日本人成人男女のモニターを対象にしてアンケート調査を行う中で実施した。それぞれランダムに選ばれた約三〇〇〇人ずつの三つの回答者グループが抽出され、各グループからは約一〇〇〇人の有効回答を得た。

実験の手順を紹介していこう。はじめに、筆者らはすべてのグループの回答者に共通して、家電一般や次世代DVDに関する選好や効用を特定するための質問、すなわち家電製品を買うとき、どのような要因（価格、性能、評判など）を重視するか、また特定の家電メーカーやブランドにこだわりをもっているか、といった質問をした。続いて、次世代DVDについての知識を試す簡単なクイズを出し、東芝などがHD DVD規格を、ソニーなどがBD規格を推進していることを知っているかどうかをテストした（正解率はどのグループも四分の一程度であった）。そして、すべての回答者にあらためて両方の規格についての正しい説明を読んでもらい、最後に「もしあなたが今、次世代DVDレコーダーを購入するとしたらどちらの規格を選ぶでしょうか、お答えください」と訊ねた。

ただし、この最後の質問をするにあたっては、三つのグループに異なる実験刺激を与えた。Aグループ（実験群A）には、「この調査は約一〇〇〇人の方を対象に実施しております。あなたはX番目の回答者で、これまでの回答者の方々はこのようにお答えになっています」と、リアルタイムのカウンター表示により、それ以前に回答した人の中でBDを選んだ人とHD DVDを選んだ人それぞれの実数と割合を知らせた。Bグループ（実験群B）には、「DVDに詳しい回答者」、すなわち前述のクイズに正解した回答者の中のそれぞれを選んだ人の実数と割合を、同じくカウンター表示によって見せた。一方、Cグループ（統制群）にはそうした追加的情報を与えず、どちらの規格を選ぶかだけを訊ねた。この実験デザインにより、AとBのグループでは回答者が勝ち馬に乗ろうとすれば乗れる状況を、他方Cグループでは勝ち馬に乗ろ

表5-1　次世代DVD規格の選択

	統制群		実験群A		実験群B	
	BD	HD DVD	BD	HD DVD	BD	HD DVD
全　体	71.7	28.3	82.5	17.5	83.9	16.1
	855	338	899	191	941	180
こだわりのブランド						
ソニー	82.8	17.2	87.1	12.9	89.0	11.0
	207	43	175	26	210	26
東　芝	43.1	56.9	59.6	40.4	66.7	33.3
	22	29	28	19	26	13
家電を購入する際の基準						
「一般的な人気」はとくに気にしない	71.9	28.1	79.2	20.8	83.7	16.3
	238	93	236	62	277	54
「周りからの評判」はとくに気にしない	73.1	26.9	81.0	19.0	79.7	20.3
	231	85	230	54	248	63
とくに「デザイン」を気にする	80.5	19.5	81.9	18.1	86.9	13.1
	66	16	59	13	53	8
その他						
収入200万円未満	54.5	45.5	82.2	17.8	81.8	18.2
	18	15	37	8	36	8

［注1］　単位　各欄上段：％　下段：人数
［注2］　実験群A：全体の選択分布を表示したグループ。
　　　　実験群B：DVDに関するクイズに正解した回答者の選択分布を表示したグループ。

うとしても乗れない状況を、設定したのである。[註2]

表5-1は、グループごとの回答を集計して提示している。ここでは、さまざまな観点から、人々は勝ち馬に乗れる状況では、実際勝ち馬に乗るよう意思決定を行おうとする様子が浮き彫りになっている。

まず、全体の分布に注目すると、追加的情報を与えられなかったCグループ（統制群）では、BDとHD DVDとを選ぶ人々の比は約七対三であったのに対し、自分より前に答えたすべての人の回答分布を見せられたAグループでも、また専門的知識のある人の回答分布を見せられたBグループでも、BDを選ぶ人の割合が一〇ポイント以上増えていることがわかる。

次に、こだわりブランド別の結果にも注目しよう。もともと「東芝派」だった人たちは、追加的情報が与えられなければ、過半数（五六・九％）がHD DVDを選んでいる。しかし、そうした人たちでさえ、自分よりも前に答えた回答者の多くがBDを選んでいるという情報を目にすると、自らのこだわりを捨てていることがみてとれる。追加的情報によって引き起こされる分布の変化は、「ソニー派」にも、若干であるが見受けられる。

続いて、家電を購入する際に「一般的な人気」や「周りからの評判」をとくに気にしないと答えていた回答者に注目しよう。こうした回答者であっても、実際にどちらの規格が多数派なのかを知ると、自らもそちらを選択するようになる傾向が明らかにうかがわれる。そして、一番下に示してあるのは所得水準が二〇〇万円未満の回答者のデータである。追加的情報がない場合、これらの回答者は比較的低価格なHD DVDを選ぶ傾向が平均に比べるとかなり強い。しかし、この価格差効果は、他の人たちがBDを選んでいるという情報効果によって、見事にかき消されてしまっていることがわかる。

これらの実験結果は、総じて、人々が勝ち馬に乗ろうとする動機が選好や効用とまったく別次元のものであることを物語っている。そして、前者は後者を凌駕するかのように、人々の意思決定に大きく影響を与えていることがみてとれる。唯一の例外は、家電を購入する際にデザインを重視すると答えた人々で、彼らにはそれほど明確に勝ち馬に乗ろうとする証跡を見出すことはできない。しかし、表5－1をみると、こうした消費者はそもそもそれほど多くなく、文字通り例外と位置づけられるべきであろう。

政治におけるバンドワゴン？

雪崩にたとえられる現象は、経済のみならず、もちろん政治の世界でも起こりうる。当初は小規模と思われていたデモが、みるみるうちに支持を膨らませ、時の政権を倒す革命や民主化を成就させてしまった例は、古今東西で見られる。また、現代の先進国においても、選挙や政党のリーダー選出の過程において、当初の予想を超えた大差で一方が他方に勝利するという結果がもたらされることもある。倒壊していく旧政権を支え続けたり、選挙や投票で負ける側を応援し続けたりすると、のちに政治的に断罪・冷遇される可能性が高く、政治の文脈においても、勝ち馬に乗ることはやはり合理的である。

その一方で、次世代DVDをめぐる雪崩現象の考察から政治へのアナロジーを引くことには、同時に慎重でもなければならない。というのは、政治では、勝ち馬に乗ったとしても、それが自分にとってどのようなメリットとして還元されるのかが必ずしも自明ではないからである。前記の次世代DVD機種の選択では、正しいほうを選びさえすれば、その行為自体が多数派になることのメリットを直接もたらす構図になっていた。しかし、政治の世界では、多数派形成に貢献する報奨として閣僚ポストが確約される政権党のリーダー選びのような場合を除き、行動と帰結とが直結することはほとんどない。たとえば革命や民主化といった政治変動は、ふつうはその過程が大きく混乱し、誰がどちらの側を支持するのかが不透明なまま事態が展開していく。また、一般の有権者に開かれた現代の民主主義の選挙では、個々の投票先が特定できないよう、秘密投票制が採用されている。いずれの場合も、たとえ自分の行動が多数派形成に寄与したとしても、そこから相当の見返りが期待できるかどうかはけっして自明ではない。

筆者らは、本章で行った経済実験と比較可能な実験をいくつかの政治的文脈で再現しようと試みたが、雪崩現象が発生するメカニズムははるかに複雑であることがわかった。[註3] もちろん、政治的意思決定においても、人々がバンドワゴン行動をとることは確認される。しかし、同時に、政治の世界における人々の選好は、政党支持にせよ、特定の政策に対する賛否にせよ、バンドワゴン効果が凌駕できないくらいに強固で粘着的な場合も多いのである。

考えてみれば、もし政治の決定においても、人々がたえず勝ち馬に乗ろうとしているのだとすると、世界では頻繁に政治変動が起こり、民主主義の選挙はいつでも一方的な結果で終わる、ということになってしまう。たしかに民主主義的選挙においても地滑り的勝利が起こらないわけではないが、まったく逆に、当初の予想を裏切る形で、接戦が最終局面まで繰り広げられ、僅差で勝敗が決まるということもよく目にするところである。上述の実験では、デザイン性を重視して必ずしも勝ち馬に乗ろうとしない消費者が例外として位置づけられていたが、政治の世界では頑固なまでに勝ち馬に乗らない有権者がそれほど例外的ではない、ということなのであろう。

次世代DVDをめぐって起こった雪崩現象が政治の文脈ではそう単純には再現されないことを、筆者らは歓迎すべきことと考える。なぜなら、競争に負けた規格が消滅していくように、政治的闘争に負けた少数派が次から次へと根絶されていく世界を、人々が望んでいるとは思えないからである。

たしかに、勝ち馬に乗るという行動は、人間にとって根源的な合理的動機に基づいているのかもしれない。しかし、そうした中にありながらも少数派が生きながらえることができるよう考慮した制度作りが求められよう。たとえ今日多数派であっても、その多数派としての地位が永遠に続く保証はどこにもない。少数派を守るための規範やルールを整備していくことが、むしろ多数派の（将来の）利益にかなうとも考えられる。それゆえに、政治においては、基本的権利といった理念や憲法といった制度的枠組みを巧みに構築して、そもそも各人が自由な選好や効用をもつことを保障し、社会の多様性を積極的に維持していこうとすることが重要となるのである。

註

1　実験デザインを設計・実装するにあたっては、栗山浩一氏（現京都大学教授）に多岐にわたって協力していただいた。ここに記して感謝したい。

2　当人の意思決定に影響を及ぼすかもしれない他の人たちの動向をリアルタイムで知らせる実験デザインは、有名な科学雑誌 *Science* に掲載されたポピュラー音楽をダウンロードする際のパターンについて考察した論文でも使われている（Matthew J. Salganik et al., "Experimental Study of Inequality and Unpredictability in an Artificial Cultural Market," *Science* Vol.311, (2006), pp.854-856）。もっとも、彼らの実験デザインでは好きなだけダウンロードできることになっているので、どれ（どちら）か一つの選択肢を選ばせ、またその選択が多数派となるか少数派となるかを決定づけることが設定されている本章での実験デザインとは、解明しようとする行動のロジックがまったく異なっている。

3　この政治実験を実施するにあたっては、村上剛氏（現立命館大学准教授）に共同研究者として加わっていただいた。その実験結果は、荒井紀一郎・村上剛・河野勝「実験で比較する経済と政治――『勝ち馬に乗る』合理性をめぐって」『経済セミナー』六六一号（二〇一一年、五五 - 六一頁）、村上剛・荒井紀一郎・河野勝「多数派形成に関する調査実験」肥前洋一編著『実験政治学』（勁草書房、二〇一六年）などで紹介されているので、参照していただきたい。

Ⅲ　正義についての思考およびサーベイ実験

第Ⅲ部には、東日本大震災以降、筆者が真剣に考えるようになった正義と再分配の問題を、思考実験とサーベイ実験をそれぞれ織り交ぜて論じた二つの論考が収録されている。

筆者は、政治学の博士号を取得してから一貫して、経験分析、すなわち「何がどうなっているか」という「である論」に特化して業績を重ね、「何がどうあるべきか」を論じる規範分析（「べき論」）は自らの専門外であると敬遠してきた。しかし、二〇一一年に起こった東日本大震災は、この自らの活動の意義を自問する大きな転機となった。

学術とは、その成果をただちに何かの「役に立つ」実践知へと変換できるような営為ではない。それどころか、実践に紐づけられた研究ばかりを優先すると、多様な発想の芽を摘み、ひいては社会が活力を失ったものとなってしまう。このことは肝に銘じていたが、それでも、一万五〇〇〇人以上の人々が命を失い、さらに多くの人が避難生活などの不遇を強いられるという悲惨な現実を突きつけられて、自分が行ってきた経験（主義）的政治研究にある種の無力感ないし徒労感を味わったことも事実であった。そこで、この震災を契機とし、経験と規範とを架橋するような研究企画を少しずつ増やしていくようにし、今でもそうした学術の方向性を大事に考えている。第Ⅲ部に組み入れられている二つの論考は、そのような思索と試行の成果である。

第六章は、もともとは二〇一二年に早稲田大学出版部から公刊された『『震災後』に考える』というシリーズの中の一巻に収められた論文であり、このたび、いくつかの註を本文に移すなどの修正をしたものの、ほぼそのまま再録した。第七章は、日本政治学会という主に国内の政治学者たちで構成される学会の学会誌（『年報』）が、まさに前記の規範と経験との架橋というテーマで特集を組んだときに寄稿した論文をもとにしている。かなり専門的な先行研究のレヴューなどを含んでいたので、このたび註を大幅に減らし、参照文献も最低限必要なものだけに言及するように修正したことをお断りする。

なお、共著者である金慧氏と三村憲弘氏とは、彼らが大学院生時代に知りあった。筆者が自分の専門分野を越える研究を遂行する上で、良きパートナーとなってくれたこと、また論文の再録を快諾してくれたことに感謝する。

第六章　復興を支援することは、なぜ正しいのか

金慧氏との共著

本章では、二〇一一年三月十一日に起こった地震と津波および原子力発電所の事故が、きわめて明示的な形でわれわれに強いることになった根源的な問い、すなわち自然災害や社会的事故からの復旧・復興を支援することの規範的根拠をどこに求めるか、という問題を考える。筆者らが本章を最初に論文として公刊したのは、東日本大震災が起こってから一年も経たない二〇一二年一月であった。それから五年以上が経過したが、当時われわれが行った問題提起は普遍的なものであり、今日においても依然としてその意義は失われていないと自負している。そこで、以下では、時制を現在に合わせることなく、初出論文執筆時点のまま再録させていただきたい。

問いの構図

われわれは、一般に、災害や事故に見舞われた人々に対して、何らかの支援の手が差し伸べられるべきだという道徳的直観をもつ。三月十一日に起こった地震と津波および原子力発電所の事故のあと、いち早く多額の義援金や寄付金が集められたり、多くのボランティアが被災地に駆けつけたりしたことには、そのような直観が無垢な形で反映されていたといえる。また、政府が復旧・復興のためと銘打った補正予算をすでに数次にわたって組んでいるのも、圧倒的多くの日本の国民が当然そのような支援をすべきであると感じていることが背景にある。

しかし、こうした直観の根拠はけっして自明ではなく、その正当性も必ずしも安定したものであるとはいえない。

たとえば、災害とは、どこまでが「不運（misfortune）」で、どこからが「不正義（injustice）」か、という古典的な問題がある。自らのコントロールが及ばなかったという点では共通していても、「不運」により苦難を被っている人々に対してなすべき支援と、「不正義」により苦難を被っている人々に対してなすべき支援とを、われわれは同じ根拠に基づくものと考えてよいのか。しかし、そもそも「不運」や「不正義」とは何か。自らのコントロールが及ばなかったとはいえ、「状況（circumstance）」のみによって引き起こされた事態でなく、そこに自らの「選択（choice）」の関与や余地が見出される場合であっても、われわれはやはり救いを提供すべきなのか。

さらに難しいのは、直観そのものと、直観に基づいて取るべき行動との関係である。たしかに、われわれは、自然な感情の発露として、一瞬にしてそれまでの平穏な生活との断絶を余儀なくされた人々に対して、「憐れみ（pity）」を感じ「同情（sympathy）」を寄せる。しかし、いかに純真な心の動きであるとしても、そうした感情をそのまま行動に移すことは、無条件に道徳的に正しいことであるのか。

「三・一一」から立ち直るための復旧・復興のいかなる構想も、またそのための政策をどう推進するかといういかなる提言も、これら一連の規範的問いに対して何らかの立場を取ることなしには成立しえない。復旧・復興に関わるすべての意思決定は、支援すべき被災者（被災地）が誰（どこ）であるのかをまず特定することを前提とする。その特定化は、三月十一日に発生・発覚した事態をどういう不運や不正義が働いた事態だったと捉えるかという理解と、そうした事態に対して救援の手を差し伸べることが正しいことであるという確信なくしては、為しえない作業だからである。

いいかえれば、ここには、不運や不正義をめぐる規範的問いが「震災後」を論じる上ですべてに先立つ、という構図がある。本章では、現代哲学や政治思想の先駆者たちの思索を拠り所にしつつ、同時に具体的な思考実験を織り交ぜることによって、この構図をいくつかの角度から明らかにしていく。

不運や不正義をめぐる問題が根源的であるということは、復旧・復興を計画したり実行したりする上でのさまざまな恣意性（arbitrariness）を告発する。たとえば、地震や津波によって生じた家屋や施設の損壊を、「半壊」や「全壊」などと等級づけすることの恣意性。原発事故のために設けられた立ち入り禁止区域や避難・屋内退避区域の範囲を、「原発から半径〇〇キロメートル以内」などと特定することの恣意性。どこまでの経済的不利益を風評被害として認定するかについての恣意性。そして、多様な形で現前する不運と不正義に対しての賠償や補償を、一律に金銭換算することの恣意性、等々である。

しかし、このような（すでに具体化された、もしくはしだいに具体化されつつある）さまざまな恣意性の規範的含意を一つ一つ検証していくことが、本章の目的なのではない。現実の課題として復旧・復興を想い描くにあたり、そのプロセスから恣意性をことごとく排除することは、不可能である。

むしろ、筆者らが模索したい一つのテーマは、恣意性を排除することが不可能であるという自覚を出発点とする道徳的態度こそ、いま求められているのではないか、という主張である。そのような自覚を謙虚にもつこと、そしてそれをもち続けることによってしか、われわれは「三・一一」が突きつける問題に真摯に立ち向かい、復旧や復興を安定的な基盤の上に据えることはできない、と考える。

なぜか。繰り返すが、その理由は、われわれに強いられている規範的な問いの構図が、あまりに根源的、先験的だからである。実際、注意を向けるべき恣意性は、復旧・復興に向けた具体的な政策の立案や決定のプロセスを脅かすだけではない。それは、三月十一日に起こった事態をそもそもどのように理解するかという、認識論あるいは意味論のレベルにまで、容易に入り込む。

たとえば、客観的事実として、このところ日本では、三万人を超える人が毎年自殺で死んでいる。この数字は、今回の地震や津波で亡くなった人と行方不明となっている人とを合わせた数よりも大きい。また、日本において交通事故で死亡する人も（最近は減少傾向にはあるが）いまだに毎年数千人おり、両親を亡くし孤児となる子供たちもあとをたたない。さらに、海外に目を転じれば、ちょうど岩手や宮城で仮設住宅が建ち並び始めた頃、アフリカのソマリアでは打ち続く内戦下に発生した干魃によって、新たに十数万の人々が行き場のない難民となったことが報じられた。彼らの中で幸運にも生き残った者たちは、徒歩で一週間以上も歩き続けた末に難民キャンプにようやくたどり着いたが、そこでも最低限の食事や医療すら与えられないという悲惨な状況が続いている。[註1]

たしかに、三月十一日に起こった地震と津波、そして原発事故は、われわれの身近で生じたきわめて非日常的な、そしてその意味できわめてわかりやすい、不運ないし不正義の現前である。しかし、まさにそうであるがゆえに、今回の災害・事故に対して支援をしたいという動機に駆られれば駆られるほど、われわれは心のどこかで、ふだんから見過ごしてきた（あるいは今も見過ごしつつあるかもしれない）不運や不正義に対して、同じように真摯に動機づけられていない自分にうしろめたさを感じる。

つまり、「東日本大震災」について考えたり語ったりすること自体、一つの大きな恣意性に基づいているのである。われわれに求められているのは、その恣意性を否定することでも、それに気づかないふりをすることでもない。求められているのは、復旧・復興へと動き出す出発点において、まさにそのような恣意性を自覚する態度を確立すること、そしてそのような態度をもち続けようと決意することにほかならないのである。[註2]

不運と不正義のあいだ──シュクラーの問題提起をめぐって

三月十一日に日本で発生・発覚した事態について考える上で、ハーバード大学の政治思想の研究者J・シュクラーの書いた *The Faces of Injustice* は多くの示唆に富んでいる。[註3] この名著の冒頭で、著者は“When is a disaster a misfortune and when is it an injustice?”と問う。災害は、どこまでが「不運」で、どこからが「不正義」なのか、と。

線引きの難しさ

この二分法は、おおむね、日本語の「天災」と「人災」という区別に呼応している。ある災害が「天災」だったというとき、われわれはそれを不運として位置づけている。他方、「正しくないことが行われて災害が発生した」と感じれば、われわれは事態を「人災」と呼び、その正しくないこと、すなわち不正義が、いつどこでどのようにして起こったかを追及したいと思う。

しかし、この本を最後まで読み通しても、著者が冒頭の問いに正面切って答えることはない。むしろシュクラーが繰り返し強調しているのは、不運と不正義とを明確に線引きすることがいかに難しいか、という点である。

そしてシュクラーは、次のように宣言する。

不運と不正義との境界にあっては、われわれは、犠牲者がそのどちらの側にいるのかを訊ねることなく、彼らに対して最善に対処しなければならない。(p.55)

三月十一日に日本で起こった事態についても、不運と不正義とを区別する困難は当てはまる。たとえば、震災が発生してすぐの段階で交わされていた中には、地震と津波は天災だが原発事故は人災だという、ごく単純な議論が見受けられた。たしかに、原子力発電は長年にわたって国家の政策として推進されてきたのであるから、原発事故が単なる不運として片付けられないことは明白である。

しかし、では、地震や津波で多くの人々が亡くなったことについて、不正義はなかったといえるのか。たとえば、どこかで誰かが、防波堤の高さや強度を過信させ、人々の警戒を怠らせるという不正義を働かなかったか。あるいは、どこかで誰かが、高いところへ避難するための逃げ道を整備するのを怠るという不正義を働かなかったか。

実際、震災直後のショックから立ち直るにつれて、マスメディアなどでは、原発事故のみならず地震や津波によって生じたさまざまな被害についても、必ずしも天災ではなかったと報じられ指摘されることが多くなった。今後、専門家による詳細な事後検証が進めば進むほど、この傾向はますます強まっていくものと思われる。

不運から不正義への転化はなぜ起こるか

この日本の論調の変化にもよく表れているが、一般に、不運と不正義とのあいだの線引きの難しさは、不運が不正義に置き換えられることに由来するのであって、その逆ではない。この転化は、実は、とりわけ近代以降の人間社会に特徴的な傾向だと考えられる。この点をシュクラーは体系的に論じているわけではないが、彼女はいくつかの興味深い知見を提供する。

第一に、不運は、客観的には、誰に対しても平等に（無作為に）訪れる可能性があるのに、人間には、自分（だけ）が不運の犠牲者であることを認めたがらないという性向がある。このことは、たまたま不運の犠牲者となってしまった個々の人々に一種のジレンマを生じさせるが、近代以前の社会においてはそれが問題となることはなかった。その頃はまだ、不運をもたらすのは「神」の意志や「魔女」の仕業であるという解釈が受け入れられていたからである（シュクラーは、大規模な天災が神の意志の現れであるといった議論がされなくなった大きな転機が、一七五五年のリスボン大地震であったと述べている）。しかし、そのような宗教的ないし呪術的解釈は、もちろんいまでは通用しない。したがって、現代においては、不運の犠牲者となると、人間は自分以外の誰をも責めることができないという心理的葛藤を抱え込まざるをえない。

これに対して、不正義は、すべての人に平等に（無作為に）訪れるわけではない。しかも、不正義に見舞われた場合には、不正義を働いた自分以外の「誰か」が存在し、その「誰か」に責めを負わすことができる。不正義に関しては、その「誰か」を特定することについての困難はあっても、自分自身で解決できないジレンマがあるわけではない。

このように、不運が不正義へと転化してしまう原因の一つは、基本的な人間の心理の働きに関係していると考えられる。

第二に、不運から不正義への転化がとりわけ近代以降に起こるようになったことについて、シュクラーは、政府が人間社会のさまざまな活動に介在するようになったからである、と示唆している。この点は、次のような例を考えるとわかりやすいであろう。

ある人がいつもの日課として行っている散歩の途上で、突然、雷に撃たれて死んでしまったとする。これは、一見しただけでは、不運に見舞われたとしかいいようのないケースのように見える。しかし、政府の介在という観点からみると、異なる解釈の余地が生まれる。たとえば、雷雲の発生を予測すべき気象観測地点をより多く設置していたら、あるいは落雷の危険を告知する広報活動をさらに充実させていたら、結果は違っていたのではないか、と。このように、実際には起こらなかったシナリオを再構築してみせることを「反実仮想」と呼ぶが、そうした思考実験を通すと、政府がより積極的に関与していればその人が死に至ることは起こらなかったかもしれないという解釈は、いくらでも可能となる。

シュクラーは、より積極的な関与ができたにもかかわらずしなかった場合の不正義を、一般に passive injustice と定義している。もしこの passive injustice という概念の有効性を認めるとすると、落雷、竜巻、台風、地震など、どのような自然現象が原因で発生する災害も、それらはすべて（政府による passive injustice ゆえに）単純に不運として片づけられない、ということになる。

シュクラーの逆説

さて、以上のようなシュクラーの問題提起および分析から、われわれは何を受けとめるべきなのか。このことをあらためて問わなければならないのは、彼女の議論には大きな逆説が込められているからである。表面上は、シュクラーは、不運と不正義とを区別することが難しいと強調している。しかし、生来の人間の心理にせよ、政府の役割が拡大したことにせよ、不運が不正義へと転化する原因や傾向についてシュクラーが正確に検証すればするほど、興味深いことに、この二つは原理的には区別されるべき概念・事象だ、というメッセージが浮かび上がってくる。

たとえば、不運と不正義とは、各人に平等に訪れるかどうかという点で異なる、というそもそもの着眼に立ち戻ろう。もしこのことが真実であるのなら、受けとめるべき規範的含意は、やはり、不運と不正義のそれぞれによって生じる苦難に対してなされる支援の根拠は別個に確立すべきである、ということではないのだろうか。

不運への対処は、不運に見舞われた本人にも、ましてやそれ以外の誰にも、責任が帰せられないからこそ、なされる。これに対して、不正義への対処は、本人以外の誰かに責任が帰せられるからこそ、なされる。つまり、責任の不在を前提とするか、それとも責任の所在を前提とするか、という点で、不運と不正義に対する支援は、きわめて対照的なメカニズムに動機づけられている。

さらに、シュクラーのもう一つの指摘、すなわち現代の不正義は政府の役割と無関係に考えられないという論点も、不正義に対してと不運に対してとでは、その対処が異なる根拠に基づくべきであることを示唆している。

もし政府の役割の拡大が不運から不正義への転換を助長しているということが真実ならば、現代における不正義は政治性を帯びることをまぬかれない。であるならば、不正義により苦難を強いられている人々への対処を施す行為も、政治的行為として考えなければならない。

実際、シュクラーは、われわれが不正義を暴こうとしたり、その責任を追及しようと努めなければならないのは、「われわれがもつ不正義の感覚が、圧政に対する最善の防御」(p.55)だからだ、と述べている。ここには、われわれは国家という政治システムに属しており、その政治システムは放っておけば許しがたい暴挙に出る可能性を秘めている、という認識がある。

この認識の背景には、リベラリズムの思想がある。リベラリズムは、たとえ他人にふりかかった不正義であっても、その不正義を一つ一つ追及し救済していくことが肝要だと説く。他人の不正義に対してもその都度正しく対処することが、将来において自分が不正義の犠牲とならないことを保証するために、不可欠な営為だと考えられているからである。

これに対して、不運が政治性を帯びることは、定義上ありえない。政府の活動が人間社会のすみずみにまで介在している現代においては、政治性を抱え込んでしまった不運はもはや不運ではなく、不正義と識別されるべきだからである。不運そのものが政治的でないのであるから、不運に見舞われた人々に対しての対処も政治的行為と考えるべきではない。

不運への対処が政治的でないという主張に対しては、もしかすると、次のような反論がなされるかもしれない。たしかに、不運に対して援助の手を差し伸べたいと思うわれわれの直観は、国家の暴挙から個人(自ら)を守ることを中核とするリベラリズムの企てと結びつくことはないだろう。しかし、そうした直観が他の政治思想を背景にして成立すること、具体的にはコミュニタリアニズム(共同体主義)の思想に依拠して成立することは、ありうるのではないか、と。つまり、国家という政治システムでなくとも、何らかの「共同体」というシステムに共通に属しているという感覚が、その一員が不運に見舞われたときに支援を行うことの根拠となりうるのではないか、と。

しかし、この反論は、やはり間違っている。というのは、ある共同体に共通に属しているという感覚が、いつでも、つねに、不運に対する支援の根拠となるという必然性は、ないからである。極端なことをいえば、コミュニタリアニズム的構想のもとでは、まさに共通の共同体に属するという感覚ゆえに、甚大な苦難を被っている人に対して「不運であったことをそのまま受け入れるべきだ」という主張が正当化されることもありうる。不運に対してなされる対処は、コミュニタリアン的な意味においても――あるいは、とりわけコミュニタリアン的な意味においては、というべきかもしれない――、政治的に根拠づけられると考えてはならない。

さて、ここまで議論を進めてくると、「不運と不正義との境界にあっては、われわれは、犠牲者がそのどちらの側にいるのかを訊ねることなく、彼らに対して最善に対処しなければならない」と宣言したシュクラーと、訣別すべき地点に立っていることに気づく。われわれは、「どちらの側にいるのかを訊ねることなく」して、彼らに対し「最善に対処」することはできない。いや、「最善に対処」するためには、「どちらの側にいるのかを訊ね」なければならない。

線引きしないことの道徳的代償

現代において不運と不正義とのあいだの線引きが困難だというのは、正しい。問題は、その先である。シュクラーは、その先で、いってみれば「誤った線引き」をすることの道徳的代償を恐れた。つまり、彼女は、本来ならば不正義と判断されるべき事態を不運として扱ってしまうことにより、個人の自由に対する国家の侵犯を見過ごしたり、あるいはそれに加担したりすることになるのではないかと、リベラリズムの立場から警鐘を鳴らしたのである。

しかし、原理的に線引きすべきであるのに、そうすることが実際上難しいからといって、線引きの努力を諦めてしまうことにも、何らかの道徳的代償がついてまわるのではないか。その代償は、もしかすると、「誤った線引き」をすることの代償よりも、大きいかもしれないのではないか。

たとえば、今回の地震と津波による被害と、原発事故による被害とを、同じ構図で捉えることが本当に正しいといえるかをあらためて考えよう。

後者については、事故の責任追及と被害者に対する救済や支援が、日本国民全体で考えを進めていかなければならない問題であることに、疑いの余地はない。この事故は、巨大地震の発生確率を過小評価したという不正義、緊急時の電源確保のための設計指針に違反したという不正義、そうした一連の誤った判断や計画を政府が精査せずに見過ごしてきたという不正義など、数々の不正義が重なって起こった。

そのそれぞれについて、責任を負うべき人物や機関を特定することは可能である。われわれは、そのような責任の所在を前提にして、原発事故の被害者に対する補償スキームを構築しようとしている。この事故の責任の体系を明確にすることは、将来において同じ不正義が繰り返されないために、ひいてはわれわれ一人一人の自由が脅かされないために、われわれ自身に政治的に課された宿題である。

これに対して、地震と津波が原因となった被害については、その責任の所在を前提にして支援の枠組みを作ることは、容易ではない。地震と津波によって生じた被害が、まったくの不運であった、というのではない。すでに述べた通り、政府や自治体が地震や津波が発生した時の避難の方法やそのための誘導をより徹底していれば、逃げ遅れて命を落とす人はいなかったかもしれないという意味において、シュクラーのいう passive injustice が働いたと解釈することはいくらでも可能である。

しかし、政府や自治体が「より積極的な施策を講じていたら、違った結果になっていたかもしれない」

ということの立証は、実際には起こらなかったシナリオを再構築してみせる反実仮想の信憑性に多くを依存せざるをえない。そこには、地震のリスクを過小評価した「報告書」や指針に違反した「設計図」のような、客観的で物的な証拠があるとは限らない。

しかも、そうした反実仮想は、災害に遭遇するまでの経緯が異なる被害者ごとに、詳細かつ個別的に行わざるをえない。そのような作業の中において、誰がどのような不正義を働いたのかという責任を追及することは、不可能ではないにせよ、全体として膨大な時間と手間を要する。

このように、疑うべくもない不正義の責任を立証することに比べて、passive injusticeをめぐる責任の立証には内在的な困難がある、と考えなければならない。この困難が、重大な道徳的代償をもたらす。立証が（反実仮想のプロセスを通じて）詳細かつより個別的に行われざるをえないということは、裏を返せば、責任追及の過程と結果が一般的、普遍的な形をとりえないということを意味している。そのような状況のもとでは、国民一人一人が、責任を追及する作業を自らの政治的課題として、あるいはいつかは自分自身にも降りかかってくるかもしれない問題として、引き受ける心構えを持続させることがきわめて難しいと思われる。

そもそもシュクラーがpassive injusticeなる概念を導入したのは、前述のように本来不正義と識別されるべき事態を不運と誤って識別してしまうことが、国家の暴挙に対しての防御を緩めることになるかもしれないと懸念したからであった。しかし、このリベラリズム的企ては、曖昧なpassive injusticeの事態に対しても疑うべくもない不正義の事態に対するのとまったく同じに、人々が敏感であり、それを自分自身の問題として受けとめ、それに対して真摯に対処する用意がある、という仮定に基づいている。

しかし、これはあくまで仮定にすぎず、それが正しくない可能性をシュクラーは見落としている。つまり、それは、線引きすることを早々に諦めて、かわりにpassive injusticeという概念を広く設定すればするほど、人々の関心をつなぎ留めておくことが難しくなる可能性であり、そのようにしてそもそものリベラリズム的企てが内部から瓦解してしまう可能性である。もし現実となってしまったら、それは取り返しのつかない道徳的代償を払うことになる、といえるのではないか。

線引きの恣意性を自覚せよ

不運と不正義とのあいだに、明確な線引きをすることは難しい。しかし、われわれは、その線引きを諦めてしまうと、大きな代償を払わなければならないかもしれない。この二つの命題がともに正しいのであるとするならば、とるべき道徳的立場は、一つしかない。それは、どのような線引きをするにせよ、その線引きが恣意的であることを自覚する、という立場である。

不運と不正義とのあいだには、たとえ恣意的であるかもしれないとしても、線引きをする努力を続けなければならない。そして、その恣意性については、自ら疑いの目をもって、問い続けなくてはならない。いったん不運と判断した事態がのちに詳細で個別的な検証を通して不正義だと判明した場合、その事態に対する責任追及と支援を、われわれはあらためて行っていかなければならないのである。

この意味で、われわれに課せられているのは、時間を超えたコミットメントだということができる。すなわち、それは、ある時点での判断に誤りがあれば、将来それを正すことを自らに約束することを決意し実行していくことである。

この節の最後に、自分自身の判断に恣意性が入り込むかもしれないことを不断に疑う目と覚悟を養わない限り、外からの(たとえば国家による)恣意性の押しつけを知らないうちに受け入れてしまう、という危険性があることに注意を喚起しておきたい。

たとえば鵜飼哲が指摘しているように、われわれは、今回の震災が当初「東北太平洋沖大地震」と呼ばれていたのに、その後「東日本大震災」へと改名されたこと、また一九九五年の阪神・淡路大震災のときの公式スローガンが「がんばろう神戸」だったのに対して、今回が「がんばろう日本」であることに、注意を向ける必要があろう。[註4]当初の呼び方である「東北太平洋沖大地震」に、福島の原発事故が含まれないことは明白である。名称が「東日本大震災」に置き換えられたことにより、不運としての地震・津波による災害と、不正義としての原発事故との境目が曖昧にされる効果があるとすれば、われわれはそこに一つの恣意性を感じとるべきである。また、「がんばろう日本」というスローガンが、限定された地域ないし特定の人々だけではなく、われわれ日本人すべてが不運の犠牲者であると思い込ませる効果をもつことについても、同様である。

恣意性の押しつけは、暗黙のうちに、われわれの気づかないところで、着々と進行しているかもしれない。その結果として、この震災と原発事故を生じさせた不正義に対しての責任の追及が、おろそかになることがあってはならない。

状況vs.選択?——ロールズと「運の平等主義」について

不遇な人々に対して、どのように向き合うことが道徳的に正しいのか。この問いこそ、三月十一日の震災および原発事故からの復興を考える上で、われわれにつきつけられている核心の問題である。本節では、この問題を、現代哲学の一つの集大成といえるJ・ロールズの『正義論』と、それに対する批判とを対比

することを通じて、考えていきたい。[註5]

ロールズの格差原理

ロールズの『正義論』では、「正義の二原理」というものが掲げられている。それは、「基本的な諸自由の平等な分配」を命じる第一原理と、「社会的・経済的な不平等が許容される条件」を提示する第二原理とからなる。後者の「不平等が許容される条件」として、ロールズは、公正な機会の平等の結果であること（「公正な機会平等」）、さらに社会的・経済的な不平等が社会の中で最も不利な状況にある人々の最大の利益になっていること（「格差原理」）を挙げている。ここで、われわれの関心は、第二原理に向けられる。この原理に対しては、近年さまざまな批判がなされている。

三月十一日の地震と津波および原発事故により、それまで営んできた平穏な生活が破壊された人々が、一瞬にして不幸な境遇に陥ったことを疑う者は、おそらくいないであろう。ロールズの議論に従えば、このように苦難を受けている人々に対しては、格差原理に基づき、補償がなされるべきだということになる。しかし、再分配を通じた補償についての判断を、いったいロールズはどのような基準で行おうというのだろうか。また、ロールズに対して批判的な論者たちは、それにどう異を唱えるのか。

ロールズの『正義論』は、基本的に、不運によって生じている不利益は、再配分を通じて補償されるべきだと主張している。しかし、彼は、運／不運の問題そのものを、たとえば前節でとりあげたシュクラーのように、つきつめて論じているわけではない。とりわけ彼の格差原理の定式化は、それを考えることをなるべく排除しようとさえしている。

より直接的にいえば、ロールズの原理には、人が不遇に陥っている原因が、その人を取り囲む「状況

（circumstance）」であるのか、それともその人自身が為した「選択（choice）」であるのか、という区別が反映されていない。むしろ、ロールズは、「暮らし向きが悪い（worst - off）」かどうかという一点だけを、不平等が許容されるかどうかの条件として勘案すべきだと訴えているようにみえる。

ロールズに対する批判の一つは、まさにこの論点をめぐって展開されている。その口火を切ったR・ドゥオーキンは、格差が本人の選択によってもたらされたのか、それとも何らかの先天的な資質に由来するのかが考慮されなければ、それはわれわれの道徳的直観に反する、と主張する。彼は、選択したことによって発生するリスクやコスト、さらに選択したことの責任は、選択した本人が負うべきではないか、というのである。[註6]

たとえば、ここに二人の、（経済的・社会的に）同程度に不遇な人がいるとする。そのうちの一人は、ギャンブルで資産を使い果たして暮らし向きが悪くなった人であり、もう一人は先天的な障碍のために毎月高額な治療費を支払わなければならないので暮らし向きが悪くなった人である。さて、この二人に対して、等しく補償がなされるべきであろうか。ドゥオーキンは、そうではないと主張する。後者は、本人のコントロールの及ばない「状況」が、暮らし向きの悪さの原因となっている典型例であろう。一方、前者の場合は、本人がギャンブルをするという「選択」をしたことが、暮らし向きの悪さの原因である。ギャンブルをしたことの責任を重視するならば、それによって生まれた不利益は本人が負うものと考えるべきだと、ドゥオーキンは訴えるのである。

一般に、コントロールの及ばない不運によって生じる不利益に対しては補償がなされるべきだが、自分の選択の結果生じた不利益は補償の対象とすべきではないという立場は、「運の平等論」や「運の平等主義（"luck egalitarianism"）」などと呼ばれる。この考え方は、ドゥオーキン以降多くの論者によっても共有されるところとなり、「資源の平等論」や「厚生の平等論」などとさらに細分化され、その内部においても活発な議論が展開されている。

さて、以上要約したロールズの議論とそれに批判的な立場との対立を、われわれはどう受け止めるべきか。注意しなければならないのは、ここには二つの対立の構図が重なり合うようにして存在する、ということである。実は、このことに気づかないと、われわれは両者のあいだの論争の意味をとりちがえてしまう。

まず、両者のあいだの第一の対立は、不遇に陥ったことに本人の選択が関与していた場合に、どこまでその責任を本人が負うべきかという点について現れる。ドゥオーキンら「運の平等主義」者たちは、まさにこの構図に乗って、ロールズを批判している。つまり、彼らは、ロールズがその責任を認めようとしないことを批判しているのである。

しかし、この第一の対立の手前には、もう一つ別の対立の構図が控えている。それは、不遇に陥ったことの原因を特定する上で、そもそも「選択vs.状況」という二分法が成立すると考えるかどうかについての、見解の違いである。ロールズは、必ずしもそう考えていないようにみえる。

たしかに、ロールズは本人の選択に責任が帰されるべきだとは主張していない。しかし、その主張の不在は、ドゥオーキンらが批判したように、彼が選択に帰すべき責任を軽んじたからではなく、状況から切り分けられる選択などというものがありえない、すなわち状況と選択との二分法が成立しない、と考えていたことを意味するとも解せる。

もしロールズが二分法を受け入れた上で、選択でなく状況のほうに、おもに責任を帰すべきだと考えていたのであれば、彼はドゥオーキンらと同じ土俵で論争することを強いられる。他方、もしロールズがそもそも選択と状況とを分けることに意味がないと考えていたとすれば、彼の立場は、あくまで第二の論争の構図の中にとどまり、第一の対立の構図の中に位置づけされることはない。

一つの思考実験

では、不遇の原因として、状況と選択とを切り分けることはできるのか、できないのか。この論点は、このたび福島で原発事故の被害にあった人々に対して、われわれがどのように向き合うことが道徳的に正しいのかを考える上で、きわめて重要な問いを提示する。以下、議論をわかりやすくかつ客観的な文脈において提示するために、単純化した架空の想定として話を進めよう。

いま、ある町で原発を建設するかどうかが政治的に争われているとし、その町に住んでいるA、B、C、Dの四人の関わりについて考えることにする。このうちAとBは、大きな事故が起きるかもしれない原発の建設に反対であり、彼らは自分たちの反対の意思をその町の首長選挙や議会選挙などを通して表明している。一方、CとDは、リスクを認識しながらも国から多くの補助金が受けられる原発の建設に賛成で、やはり選挙などの機会を通じて賛成の意思を表明している。

そして、この四人はすべて、自分たちの意見が広く共有されるよう、周りの人に対しても働きかけをしている、とする。つまり、この四人はそれぞれに、原発に関する自らの意見を、単に個人的信条として抱いているのみならず、それに基づいて政治的に行動をしている、と仮定するのである。

もうしばらく、この架空の話を続けよう。その後、AやBの反対意見は少数派にとどまり、この町に原発が建設されることになったとする。その時点で、Aは原発のない土地に移住することを決断した。しかし、Bは長年住んだ郷里を離れる決断ができず、この町にとどまることにした。

さて、時が経ち、不幸にも、原発事故が起こってしまった。放射能が飛散したことにより、B、CとDは、それぞれ自分の住んでいた家から一時的に避難することを強制された。その後、事故は収束し、BとCは自分の家に戻ることができた。しかし、Dが住んでいた家は原発に近く、将来も長期にわたって高濃度の放射能が残ることが予想され、Dは引き続き避難生活を続けている。そして、現在、この町では、原発事故によってさまざまな人が被った不利益に対して、どのような救済や支援がなされるべきかが議論されている、とする。

以上のごく単純化された想定に基づいて、この原発事故に対して責任を負うべき者はいるのか、あるいは誰がどれだけの補償を受けるのが正しいことなのかを、考えていこう（誤解のないように付け加えれば、ここでは、政府や電力会社の責任を問うのではない。事故を起こした電力会社の責任、安全であることを過大評価しながら原発政策を推進した政府の責任は、疑うべくもないことであるとし、ここでの目的はそれら以外の誰かに責任を認定できるかどうかを考えることにある）。

はじめに、ロールズの立場に依拠してどのような補償スキームが組み立てられるかを考えよう。すでに述べたように、ロールズは、個々の人々の暮らし向きの悪さだけに注目しようとする。すると、A、B、C、Dの中で、財の分配を受けるべきなのは、最も大きな被害を受けたDということになろう。BとCには、住むことのできる自宅が残っており、少なくともDほど暮らし向きが悪いとはいえない。さらに、Aについては、町を出た後の様子が不明であるので、補償されるべきかどうかは一概に決められない。ただ、少なくとも事故が起こった時点でこの町に住んでいなかったのであるから、今回の事故によりAの暮らし向きに急激な悪化が起こったとは考えにくい。

さて、このスキームに、運の平等主義論者たちが同意したり満足したりすることは、おそらくないと思われる。なぜなら、ここでは、各人が原発事故に対してどのような責任を負うのかという検証が、まったくなされていないからである。すでに示唆した通り、運の平等主義の立場では、個人がどのような選択をしたかが、その人の負うべき責任と不可分に関わっていると考える。では、こちらの立場に基づいて補償スキームを組み立てていくには、どのような考慮が必要となるであろうか。

まず、原発の建設に反対したAとBを考えよう。運の平等主義に従えば、この二人に事故の責任を負わせることはできない。前記の想定では、この二人は、単に自らの信条として原発に反対だっただけではなく、他の人たちにも原発の建設に反対するよう働きかける行動をとっていた。彼らは、いかなる意味においても、「原発の建設」を選択したとはいえず、むしろまったく逆に「原発建設の阻止」を選択した上で、その選択に責任を取るべく行動していたといえる。

では、CとDについてはどうか。もしAとBが免責されることが正しいとすれば、CとDは、その裏返しとして、原発事故が起こったことについて責任を負うべき選択をしたと解すべきであろう。前記の想定では、CもDも、原発が事故を起こすリスクを知りつつ、原発建設を単に静観していたのではなく、他の人々へ支持を広げようと積極的に行動していた。彼らの働きかけがなかったならば、原発を建設することへの多数派合意がこの町で成立することはなかったかもしれないのである。その意味では、彼らには原発建設を推進した責任、ひいてはその事故が起こってしまったことの責任がある、ということになろう。

だとすると、運の平等主義論者が導く結論としては、四人のうち、原発事故によって生じた不利益に対して、完全な補償が支払われるべきなのは、Bだけということになる。Aはすでに住居を町外へと移していたので、原発事故による不利益がそもそも発生していない。BとCについては、事故によって一時的に避難を強いられたという不利益が発生しているが、Cは原発事故の責任の一端を負うので、Cに対する補償はBと比べて減額した内容にとどめるべきだ、ということになる。また、Dは、より長期にわたって避難を強いられBやC以上に大きな不利益が発生しているものの、Dも原発事故の起こった責任の一端を負うべきである以上、その不利益の全額が補償されることはない。

さて、この結論に対して、われわれの道徳的直観が違和感を抱くとすれば、それはどこに由来するであろうか。たしかに、このスキームは、選択の責任を重視する運の平等主義の観点からすれば、一応整合的であるといえるかもしれない。しかし、その整合性は、それほど安定的ではないようにみえる。その理由は、そもそも何をもって「選択」と考えるか、つまりある人が責任を負うべき「選択」をしたことをどのように見定めるかが、恣意的に決められているように感じられるからである。

具体的にいうと、先の結論を導くためには、原発建設への支持・反対の態度を明確に表明することが「選択」したこととみなされ、CとDに責任が生じることの根拠とされている。しかし、ここにはまったく別の「選択」があったとも考えられる。それは、この町を去るか去らないかという選択である。自らの意見が多数派意見とならないことが判明した時、Aは長年住み慣れた郷里を離れるという決断をした。それは、文字通り「苦渋の選択」、重い決断であったであろう。ところが、この選択の重みは、前記のスキーム、選択の責任を重視するはずの運の平等主義の結論に、まったく反映されていない。われわれは、そこに違和感をもつのではないか。

Aからすれば、Bにも同じような選択をする余地があったはずだ、ということになる。いいかえれば、少なくともAの視点に立てば、Bが原発事故の不利益を被ることになったのは、町を去らないという（Aからすれば、誤った）選択の結果だった、という見方も成り立つ。この意味での「選択」の責任を重視するならば、避難を強制されたBの不遇は、B自身にその責任の一端が帰せられるべきだ、ということになる。とすると、Bの得るべき補償に対しても、減額措置がなされなければならないことになろう。

もっとも、この批判に対しては、運の平等主義者が再反論し、Bの責任は問えないと主張するのではないかと思われる。その再反論は、以下のように展開されるであろう。そもそもCとDの補償を減額しなければならない理由は、CとDには責任があるがBには責任がないという非対称性がある中で、C・DとBとのあいだに「差をつける」必要があるからである。このときBは、「差をつける」ための基準、すなわちベースラインとして機能する。しかし、Bの補償自体を減額しなければならないとすると、ベースラインはどこかほかに求められなければならない。ところが、そのようなベースラインは、存在しない。なぜなら、Bと「差をつける」べき相手は実はAであるが、Aは事故によって不利益を被っておらず、もともと補償の対象でないからである。ということは、Bの「町を去らなかった」という選択の責任は、結局のところ、問いようがない、と。

運の平等主義の問題点

このように思考実験と批判・再反論を進めてくると、運の平等主義が抱える大きな問題が明らかになったように思われる。

第一に、運の平等主義は、責任を帰すべき「選択」の種類が複数ある場合に、責任の大小関係をうまく決定することができない。前記の架空の想定では、原発建設への支持・反対の態度表明と、町を去る・去らないという、二つの種類の「選択」があった。補償を算出する際、前者の選択はBとC・Dとを区別し、後者はAとBとを区別する。しかし、この両方の選択にそれぞれ応分の責任を認定し配分しようとすると、不都合が生じる。その理由は、BとC・D、そしてAとBは、それぞれに比較可能であり、したがってそのそれぞれのあいだに「差をつける」ことはできるが、AとC・Dとのあいだを比較することは不可能だから、である。

第二に、運の平等主義は、この不都合をある仕掛けによって乗り切ろうとしている、と指摘できる。それは、こともあろうに、過去の「選択」を現在における「状況」を構成する一要素として読み替える、という仕掛けである。繰り返すが、AではなくBをベースラインとしてCとDの責任を問うスキームは、町を去る・去らないの選択を「責任を問うべき選択」として認めないと（恣意的に）決定することによってしか、成立しない。その決定は、Aが原発事故の起こった時点でこの町に住んでいなかったという事実を、彼が過去において町を去るという「選択」をしたことの結果ではなく、現在の「状況」の一部として読み替える、という作業を行っていることにほかならないのである。同様に、Bが事故の時点でこの町に住んでいたという事実も、彼が過去において町を去らない「選択」をしたことの結果ではなく、単に現在という「状況」として読み替えられている。このような作業を通して、Bが満額の補償を得られることの根拠が、過去の「選択」から、現在の「状況」へと移し替えられ、確保されている。

しかし、過去における「選択」を現在という「状況」の構成要素に置き換える作業を、選択の責任を重視しようとする運の平等主義の基本的な考え方の中で正当化するのは難しい。加えて、現在（の選択）のほうが過去（の選択）よりも、責任を問う上で重大であると考えるべき根拠はない。もし、時間の流れの中で、後になされた選択のほうが前になされた選択よりも重要であるというのであれば、論理的には、現在においてなされる選択ではなく、将来においてなされる選択をさらに待って責任の配分を決めなければならなくなり、結局永遠に責任を問うことが不可能となってしまう。いずれにせよ、ここまで考察を進めると、運の平等主義が依って立つ前提、すなわち「状況vs.選択」の二分法そのものの有効性が揺らいでいる、といわなければならない。

見落とせないもう一つの恣意性

さて、ここまでは、ロールズの考え方と運の平等主義を対比的に捉えて、そのそれぞれについて、不遇な人々に対しての分配や補償の枠組みを組み立てる上で抱える問題を指摘してきた。しかし、ロールズの枠組みも、また運の平等主義に基づくスキームも、ともに見落としている問題がまだ残っている。それは、先ほどの想定の中に登場するAに対する処遇の問題である。

いまいちど、運の平等主義からの再反論を思い起こそう。その再反論の核心は、Aがもともと補償の対象ではない、という点にあった。それがゆえに、運の平等主義によれば、BとCやDとのあいだに差をつける必要性だけが優先され、AとBとに差をつける必要性は無視できる、というわけである。しかし、なぜAが補償の対象ではないと、いい切れるのであろうか。この判断自体、恣意的ではないのか。

この恣意性を強調するために、前記の架空の話に、もう一つの想定を新たに追加して考えてみたい。いまDに対する補償を検討している中で、Dの自宅は高濃度の放射能汚染により、もはや住むことが不可能だと評価されたとする。そして、その家と土地は国が買い取ることになり、Dはそこで得た資金を使って、この町を出るという決断をしたとする。

さて、この新しい想定のもとでは、実に奇妙な事態が生じることになる。すなわち、Dは、原発事故が起こったがゆえに、その事故の責任の一端を負うべきであるのにもかかわらず、補償を得てこの町から移住することが可能となるのである。一方、Aは、原発事故の責任をまったく負うべきでないにもかかわらず、一切の補償を得ることなく、かつてこの町から移住したのである。

このような事態が発生したとするならば、われわれの道徳的直観は、それに対して強い違和感を覚えるのではないだろうか。さらに、ここまでの議論では単純化のためにあえて言及を避けてきたが、仮に原発建設にともなって政府から大きな交付金がこの町に支払われ、Dが長年にわたってその恩恵をうけていたとするならば、いまさらDの移住費用まで補填するというスキームは、少なくともAの視点からすれば、受け容れがたいものと映るに違いない。

現実問題としては、Aのように原発事故が起こる以前に自ら決断して町を去っていった人たちすべてに対し、(去っていったことによって生じた)不利益をさかのぼって補償するということは、およそ不可能である。しかし、こうした現実上の制約を強調するあまりに、過去に選択がなされたことを忘れ、現在の選択のみを特権化することは、道徳的に正しいとはいえない。だとすると、われわれに唯一残されている立場は、そもそも「さかのぼって補償」しなければならないような対象者を、最小限に抑えていく努力をするということであろう。Aに対する補償は、原発事故が起こった今、検討すべき問題ではない。それは、Aが苦渋の選択として町を出て行った時点で、検討しておくべき問題だったといわなければならない。

もちろん、政治とは、ある意味で「勝ち負け」を決める世界である。この町で原発建設の是非が争われた時、A(とB)は政治闘争に負けたのであり、その意味では、Aは町を去ることになった責任を、自ら負わなければならないとも考えられる。他方、前記の思考実験が明らかにしているのは、政治的敗者となったときに、「退出」という選択をすることの重みであろう。それを無視したり、軽々しく処遇したりすると、われわれはその道徳的負債をあとになって払わなければならなくなるかもしれないのである。

政治が勝ち負けを争う世界であるからこそ、われわれは、政治的敗者が支払った選択の代償に、つねに目を開き続けていなければならないのである。

憐れみか、同情か——アーレントの感情論を手がかりに

災害や事故によって大きな被害を受けた人々に対し、何らかの支援の手が差し伸べられるべきではないかという道徳的直観に、われわれが人間として自然に抱く憐れみや同情といった感情が入り込んでいることは疑いない。三月十一日後の日本でも、義援金を寄付したりボランティアとして駆けつけたりした人の中には、純粋にこみ上げてくる感情に突き動かされ、文字通り「とるものもとりあえず」行動に走った人が多かったと思われる。

では、そのような感情は、つねに道徳的に正しいといえるのだろうか。あるいは、そうした感情を行動に移すことは、不運や不正義についてわれわれが下さなければならない規範的判断に、どのような影響を及ぼすのだろうか。

こみ上げる感情がいつも正しいとは限らない

実は、われわれは、純粋にこみ上げてくる感情、あるいは自分たちが当たり前のように抱く感情が、道徳的に正しいものであると判断する強い確信をもっているとはいいがたい。

たとえば、近代以降の哲学では、人間には「感情」に対抗するものとして「理性」があると教えられてきた。多くの先人は、この二つを対置して、感情はむしろ理性によって制御されるべきもの、と説く。一般にも、感情をそのまま行動に移すことは、人間として未熟であることの表れである、と信じられている。とりわけ怒りや悲しみといった感情は、われわれが幸福な生を送る上では、理性によって「抑え」たり

「静め」たりする対象として捉えられることが多い。

つまり、感情の発露の仕方が自然であるとか純粋であるといったことは、感情の真正さ（authenticity）を裏付けることになるかもしれないが、その感情が道徳的に正しいことを保証するわけではない。残念なことに、人間は、真正ではあるかもしれないが道徳的に正しくない感情を抱く可能性がある、と考えなければならない。

しかし、そうだとしても、今回のような地震や津波あるいは原発事故により多くの人々に未曽有の苦難がもたらされているのを目の当たりにすると、われわれは気持ちが動かされることを禁じえない。一瞬にして愛する家族を失い、それまでの平穏な生活からの断絶を強いられた人々に対して、われわれは当たり前のように憐れみを感じ、純粋に同情を寄せる。そうした自分たちの感情が、単に真正であるだけでなく、道徳的に正しいものであることを確信するために、われわれは、どのように考えればよいのか。

同情と憐れみの違い

この問いについて、示唆に富む視座を提供してくれるのは、H・アーレントである。彼女の議論は、けっして平易ではないが、まさに「同情（compassion）」と「憐れみ（pity）」という二つの感情のもつ規範的問題を検討しており、いまあらためて考えてみる価値がある。

アーレントが、同情と憐れみという概念を定義し、その違いを明確にしようとしたのは、名著として知られる『革命について』の一節においてである。[註7] まず、同情とは、アーレントによれば、苦難を被っている他者への同一化によって生じるものである。この同一化は、能動的な感情移入によるのではなく、受動的に惹き起こされる。すなわち、他者の苦難に触れることによって、「あたかも伝染するかのように」その苦しみを共有するのである、という。

この定義をふまえて、アーレントは、同情がもついくつかの特徴を指摘している。第一は、同情の「単一性」、あるいは「個別性」とでも呼ぶべき特徴である。同情の対象としての他者は、あくまで苦しんでいる個人にとどまる。逆にいうと、同情が同時に複数の人々――たとえば「階級」や「民族」――にまで拡張することはない。特定の対象の苦難によって喚起される同情は、対象が拡散するとその力が弱まる、と考えられるのである。そのため、同情という感情は、アーレントによれば、「一般化する能力」をもたない。

第二に、同情は、苦しむ他者とのあいだの距離を一気に飛び越えるという意味で、「直接性」という特徴をもつ。このことをアーレントは、同情は「共苦（co-suffering）」という形をとる、と表現している。観察している自分と苦しんでいる者とのあいだの距離や環境の差異を埋めるものは想像であるが、想像には限界がある。苦しむ者とのあいだに距離や差異を強く意識してしまう場合、同情は成立しにくいということになる。

では、同情と比べて、憐れみは、どのような感情だろうか。一見したところ、憐れみも、他者の苦難を目の当たりにすることによって惹き起こされる点で、同情とよく似ている。しかし、同情が単一の対象に直接的に向けられるのに対して、憐れみは「集合性」「一般性」とでも呼ぶべき特徴を有すると、アーレントはいう。憐れみは、同情と異なり、他者への同一化によって成立するのではない。逆に、「恵まれない人への憐れみ」や「貧しい者に対する憐れみ」という語が想起させるように、憐れんでいる側の者と憐れみの対象とのあいだには、非対称な位置関係がある。そして、自分は苦難を強いられていないという心理上の距離が前提となっているからこそ、憐れみの感情は個人だけではなく集合体――「恵まれない人々」や「貧しい者たち」――に対しても向けられることがある、というのである。

個人差のある同情

このアーレントの区別を手がかりにすると、三月に日本で起こった震災や原発事故によって苦しんでいる人々に対してもつわれわれの感情を、少し整理して自己分析できるように思える。

客観的には、思いもよらない不運が起こる確率は、すべての個人にとって平等なはずである。それゆえ、不運の結果としてある人が目を覆いたくなる悲惨な境遇を強いられていると、われわれはしばしば、自分自身も同じような苦難を被る可能性がある（あった）かもしれないと感じる。それは、いってみれば、二人の立場が代替可能であるという感覚である。この感覚が、自分と苦難を受けている他者との距離を埋める想像として機能する。そして、そのような感覚は「あたかも伝染するかのように」人を「共苦」させ、アーレントのいう同情が成立する。

もちろん、代替可能であるという感覚がどのように生じるかについては、個人差があるであろう。たとえば、日本では、およそどこに居を構えようとも、いつかは大きな地震に襲われる可能性があると、多くの人が思っている。これに対して、津波によって被害を受けたのが自分だったかもしれないという感覚は、海の近くに実際に暮らしている人、あるいは過去にそのような経験をもつ人でなければ、おそらく共有できない。ましてや、原発事故が原因で強制的に避難させられることの苦難を、原発の周りに生活の拠点をおかない人が感じとることは、不可能のように思える。

多くの日本人が、日本の国外で起こる災害や事故の犠牲者に対して同情という感情を抱くことができないのも、自分と対象とが代替可能であるという感覚が生まれにくいからにほかならない。すでに述べたように、三月十一日に日本で震災が起こったのとほぼ時を同じくして、東アフリカでは干魃と内戦により何十万という難民が新たに生まれたことが世界的に報じられた。民族間の武力紛争が原因で自らの生活の場を追われ、砂漠を一週間も歩き続けてようやく難民キャンプまでたどり着いたソマリア人たちの境遇には、その境遇がいかに悲惨であっても（あるいは悲惨であればあるほど）、一般の日本人が同一化することは不可能だったといわざるをえない（誤解のないように付言すれば、日本の国内で起こっている餓死や孤独死に対してすべての日本人が関心を寄せ同情を抱くわけではないことからもわかるように、国内か国外かという地理上の距離と心理上の距離とのあいだにつねに高い相関があるわけではない）。

しかし、津波や原発事故、あるいは武力紛争といった、苦難の原因となるものが自分の想像を超えるものであっても、対象への同一化は、強いられている苦難の状況そのものを通しても、起こりうると考えられる。たとえば、海や原発の近くに住んだ経験のない人が、津波に呑み込まれるという事態や放射能漏れが起こっているという事態をどうしても他人事としか思えないとしても、巨大津波により「子供を亡くしてしまった親」、あるいは原発事故により「別々に暮らすことを余儀なくされた家族」と、自分とを同一化することは十分ありうるであろう。実際、今回の震災や原発事故によって苦難を強いられている人々に対して抱かれている同情の圧倒的多くは、こうした状況そのものを通した同一化の結果生じたのではないか、と推察される。突然愛する我が子を失うとか、唐突に自分だけ出稼ぎにでなければならないといった状況に陥る可能性は、交通事故や突然の解雇といった原因によっても起こると、容易に想像できる。

「憐れみ」の氾濫？

さて、三月十一日後に多くの人々が抱いた感情の中には、同情ではないもう一つの感情、すなわち憐れみもあったと考えなくてはならない。そして、アーレントが示唆したように、この二つの感情のもつ道徳的含意は、けっして同じではない。

たとえば、われわれは、三月十一日からしばらくが経過し、震災や原発事故によって苦難を強いられている人々を「被災者」として一括りにし、被害にあった地域を「被災地」と一般化して語ることに、慣れてきている。そのように語るとき、われわれは、感情を抱いている対象が個人ではなく漠然とした人の集まりであること、自分とその対象とのあいだに一定の心理的距離があることに、うすうす気づいている。そこには、アーレントの定義する同情が生まれてくる余地は、あまり残されていない。あるとすれば、憐れみの感情であろう。

いうまでもなく、「被災者」も「被災地」も、抽象化された観念である。そうした言葉には、たとえば、苦難の状況を生じさせた原因が地震であったのか、津波であったのか、それとも原発事故であったのかということが、個別的、直接的には反映されていない。強いられている苦難の状況についても、家族を失った人、家族は失わないが住居を失った人、家族も住居も失わないが郷里を失った人、郷里は失わないが仕事を失った人など、千差万別であるはずの個々の文脈が捨象されている。このように、「被災者」や「被災地」という抽象化は、対象との同一化や共苦といった、同情のメカニズムが作動する機会を奪い、その一方で、一般化可能な形での憐れみの感情を助長しているのである。

実際、今日の日本には、憐れみの表現が氾濫している。街頭で見かける企業の宣伝や広告には、「被災された方々に心よりお見舞い申し上げます」という言葉が付せられている。また、ボランティア団体をはじめとする各種団体は「被災地へ○○を届けよう」というメッセージを、マスメディアやホームページなどを通じて発している。このような言葉やメッセージがいかにも紋切り型に発せられること自体、それらを発している企業や団体と苦難を被っている個々の人々とのあいだに、埋めがたい距離があることを裏付けている。逆に、こうした言葉やメッセージの一つ一つが、個別的で直接的な同情を抱くことを困難にしているのである。

もちろん、同情のほうが憐れみよりも、人間のもつ感情としてより純粋であるとかより自然である、などと主張するつもりはない。[註8]「被災された方々に心よりお見舞い申し上げます」という言葉が、本当に「心より」発せられた言葉であることの真正性を疑うべき理由はない。しかし、繰り返すが、感情が真正であるということと、その感情のもつ道徳性とは、別の問題である。われわれは、ここで一歩ふみこんで、憐れみを感じることと同情を感じることが、それぞれどういう含意をもっているのかを、問う必要がある。

この問いを掘り下げて考えるために、いまいちどアーレントの議論に立ち戻り、彼女が同情を「感情(passion)」と呼ぶ一方で、憐れみを「感傷(sentiment)」と名付けている点に注意を向けたい。実は、感情と感傷とがどのように異なるのかに関して、アーレントはまとまった説明をしているわけではない。しかし、この違いをさらに考察することは、同情と憐れみそれぞれの道徳性を明確にする上で、決定的に重要である。

「感傷」としての憐れみ

一般に、「感傷」という語が使用されるときにしばしば含意されているのは、それが明示的に特定化された対象への心の動きではなく、むしろ自分自身の空想の中で満たされる欲望に関係している、ということである。対象は感傷を惹き起こすきっかけではあっても、結局のところは、空想上で演じられる「シナリオ」の一要素にすぎない。[註9]この意味で、感傷を感じる者は、感傷に「浸る」のである。

感傷の一つとして類別できる憐れみについても、このことはそのまま当てはまる。すなわち、やや極端にいえば、憐れみを感じる者にとっては、他者の苦難は（シナリオの一要素として）空想上の欲望を充足するために利用されるだけなのである。アーレントが憐れみを「徳の源泉としての苦難の賞賛」と呼んでいるのは、まさにこの意味においてである。憐れみという心の動きが他者の苦難を除去しようとする行為へと至ることもあるが、それはあくまで自らの徳を誇示するための行為である、というわけである。

たとえば、震災後、マスメディアに登場した芸能人やアスリートらが、こぞって「いま自分にできることとは何か」を自問していた。その中には「いま自分たちにできることは何かをみんなで考えよう」と、視聴者に向かって啓蒙的に語りかける者もいた。おそらく、これらは真摯になされた発言であろうし、彼らのその後の（たとえばコンサートを開くといった）行為が、他者の苦難を除去することを目的としていたことを疑う理由はない。しかし、彼らの発言や行為には、被害を受けた人々とのあいだに埋めがたい心理的距離を作ってしまう可能性があった。そのことが自覚されていたかについては、きわめて疑わしいといわざるをえない。

それにしても、苦難を強いられている人々の存在が、自分にとっての「徳の源泉」として必要であるというのは、なんとも転倒した道徳的構図だというほかない。しかも、アーレントは、それが「もともと憐れみの原因であった他の人々の苦悩をほとんど無意識のうちに賛美するようなことにもなる」と、さらに転倒した構図へと変貌する可能性さえ、指摘している。今後われわれには、そうしたグロテスクな「賞賛」や「賛美」の言葉が発せられないよう、注意を喚起していくことが求められている。

憐れみが、自身が「浸る」ためだけの自己完結的な心の動きであるということが真実であるとすると、そこからはいくつかの含意が導かれる。たとえば、憐れみは、苦難を強いられている人々がなぜそうした境遇に陥ったのか、その原因を探求することに、無関心であり続けるであろう。また、憐れみの対象者と自分とのあいだの経済的・社会的関係を変革したり是正すべきではないかといった規範的課題を、憐れみという感情／感傷から導きだすことも、断念しなくてはならないであろう。憐れみを感じる者にとって、人々の苦難をもたらしたのがまったくの不運だったのか、それとも誰かが責めを負うべき不正義だったのか、もし不正義であった場合それをどう正していくのか、といった問題が、重要であるとは思えないからである。

このように考えを進めてくると、今日の日本における憐れみの氾濫は望ましくない、と結論せざるをえない。復興を真に安定的な基盤にのせるには、苦難を受けている個々の人々が心から「救われた」と思うことができなければならないが、そのためには、そもそもなぜ復興すべき事態が生じてしまったのかを解明するプロセスが不可欠である。感傷としての憐れみに浸ることは、そのプロセスにとって非生産的であるばかりか、それを妨害する方向に働きかねないのであり、道徳的に正しい態度ではありえないのである。

「同情」は規範的根拠となりうるか

では、同情についてはどうか。他者が被る苦難を個別的、直接的に感じる心の動きとしての同情を、われわれは、安定した復興の拠り所とすることができるだろうか。

同情が誘発する行為の多くが、たとえば嘆き悲しむ人の肩を抱いたり、励ましの手紙を送ったりといったように、苦しむ者の苦しみを除去することに向けられることはいうまでもない。同情という感情が起こることにより、それまで他者の苦難を感知したことなどなかった人が、それを感知できるようになり、さらにそれに基づいて行為への動機付けが与えられるのであるから、同情という感情が社会をより望ましい方向へと導く一定の力として作用していることは確かであろう。

しかし、他者の苦難をそのまま自分のこととして感じる能力と、そもそも苦しみが生じた条件や要因を特定しその責任を問う能力とは、基本的には別個の資質であると考えなければならない。いや、それどころか、他者の苦難を自分のこととして感じる能力と、苦難の原因を究明したり責任を追及したりする能力とのあいだには、ある種のトレードオフがある、とさえいえるかもしれない。

すでに述べたように、同情による苦難の共有は、同情する側と同情される側との立場が代替可能であるという感覚を前提にしている。この代替可能性の感覚を支えているのは、起こった事態が誰に対しても同等の確率で起こりえた（起こりうる）という認識である。そのような平等な確率で訪れる不遇の多くは、「不運」であって「不正義」ではない。後者は、何らかの人為的ないし社会的要因により、その事態がすべての人に平等に訪れないことが推測されるからこそ、不正義と定義されるものである。

だとすると、同情に基づく苦難の共有は、不運の結果生じた場合に成立するとしても、それが不正義の感覚へと接続される回路は開かれていないと考えるべきであろう。むしろ、同情する能力が高まれば高まるほど、われわれの関心は不正義よりも不運へと集中し、不正義を告発したりそれを正そうとしたりする誘因が低下してしまう可能性も否定できない。

もっとも、すでに紹介したシュクラーの指摘が正しいとすると、近代以降の人間社会においては、不運が不正義にとって代わられる傾向が強い。つまり、われわれは、そもそも同情する能力を発揮できる機会を、それほど多くもっていない、ということもできるのである。いずれにせよ、苦難を強いられている人に対する救済や支援の規範的根拠として、同情という感情には、限界があると結論しなければならない。

この限界説に異を唱えるとすれば、同情が、不運のみならず、不正義の事態においても、その力を発揮する可能性があることを示す必要がある。たしかに、われわれの日常的感覚からすると、不運のみならず不正義によって生じた事態に対しても、同情を感じることがあるように思える。たとえば、山道を歩いていて突然落石によって怪我をすれば不運であり、夜道を歩いていて突然通り魔に切りつけられて怪我をしたとすればそれは不正義の産物であるが、われわれはこの両方に対して、同じように、同情を抱くことがあると考えられる。

しかし、後者に対して抱く同情は、その不正義を正していく作業へと移るや否や、消え失せていく。なぜなら、このような場合、不正義を正すとは、単に通り魔の更生を指すのではなく、この事件を抑止できなかったさまざまな passive injustice、すなわち、なぜその道には街灯がなかったのか、なぜその時間に警官がパトロールしていなかったのか、などといったことについての検証をも含むだろうからである。こうした問題意識は、その被害者に対する直接的で個別的な感情とは、およそ無関係に成立するものである。

アーレントが述べたように、同情はあくまで「受動的」な心の動きである。それが、いかに真正なものであったとしても、同情という感情だけを拠り所にして、災害や事故に見舞われた人々に対する救済や支援をすることは、道徳的に正しいとはいえないのである。

結論

復旧・復興を支援することは、正しい。

災害や事故に見舞われた人々に対しては、救いの手を差し伸べるべきである。

本章では、われわれが当たり前のようにしてもつこうした道徳的直観を、現代哲学や政治思想の先駆者たちの思索を手がかりにして、検証してきた。その目的は、これらの直観が間違っていることを示すことにあったのではない。筆者らが示したかったのは、こうした直観は自明のように見えるけれども、必ずしも強固に安定しているとはいえないということ、そしてこうした直観をめぐっては、さまざまに異なる見方ができる、ということであった。いうまでもなく、どの見方がふさわしいと思うか、どの解釈に最も賛同できるか、という問いは、一人一人の読者に委ねられる。

本章が追究した「何がどうあるべきか」という問いかけは、規範的な問題設定である。それは、「何がどうなっているか」という、経験的な問題設定からは区別される。しかし、冒頭でも述べた通り、規範的問いは、経験的問いよりも根源的で、先験的である。ともすると、現代の社会科学においては、具体的な制度の設計や現実的な政策の決定を理解すること、そしてそれに専念することが、適切な学術的態度であると思われている。しかし、それは誤った思い込みである。なぜそもそも制度を作る必要があるのか、どういう政策を実施することが正しいのかを知ることなく、制度や政策を分析したり、評価したり、ましてや提言したりすることはできない。

実は、そのことを「三・一一」がこの上なく明瞭に示した、とわれわれは思い知るべきである。つまり、それは、日本の研究者たちに対して、政策の実現やそれを可能にする制度構築とは、単に無機質で設計主義的な側面のみならず、複雑な理念や価値判断の側面をともなう知的営為である、というメッセージをたたきつけたのである。震災で亡くなられた多くの犠牲者のためにも、われわれはそのメッセージを、大事に心に留め置かなければならない。

註

1 ソマリアを含む東アフリカ一帯では、過去六〇年で最悪の干魃に見舞われ、一二〇〇万人以上が支援を必要としているといわれている。世界銀行が二〇一一年八月に発表した報告によると、その過去三ヵ月の間にソマリアでは五歳以下の乳幼児が二万九〇〇〇人死亡したと推定されている。

2 震災後に発表された数多くの論文やエッセイの中で、そもそもこの震災について考えたり語ったりすること自体が規範的問題を抱え込んでしまう可能性に対して敏感であろうとした文章は少ない。そんな中で、佐々木中の「砕かれた大地に、ひとつの場処を」と題された講演記録は、一読に値する（『思想としての3・11』河出書房新社、二〇一一年所収）。佐々木は、三月十一日に死ななかった、つまり「当事者」ではない者がこの震災について発言することは、「痛ましくも死者となった、そして被災者となった方々」を「利用」することになるという構図を的確に捉え、本来われわれに課されているのは「いかに誠実に絶句するか」「その絶句自体をどのような試行錯誤において人々に伝えるか」であると述べている。今回の震災を論じることの恣意性を自覚することで、ふだんから見過ごしている不運や不正義についても内省する機会が開かれるとすれば、望ましいことであると信じたいが、それでも被災者の方々を「利用」するというグロテスクな構図があることには変わりがないという点は肝に銘じておきたい。なお、この論点は河野勝「政策提言の方法論」河野勝ほか『《当事者》としていかに危機に向き合うか』（早稲田大学ブックレット、二〇一二年、五五–八〇頁）でより本格的に展開されているので、あわせて参照していただければ幸いである。

3 Judith Shklar, *The Faces of Injustice*, New Haven and London: Yale University Press (1990) を参照。欧米ではすでに古典として認められているが、残念ながらこの本の邦訳はない。

4 鵜飼哲「符牒とタブーに抗して」『現代思想』〈総特集：震災以後を生きるための50冊〉青土社、二〇一一年七月臨時増刊

5 John Rawls, *A Theory of Justice*, Revised Edition, Cambridge, MA: Harvard University Press (1999)（ジョン・ロールズ、川本隆史・福間聡・神島裕子訳『正義論』紀伊國屋書店、二〇一〇年）

6 Ronald Dworkin, *Sovereign Virtue: The Theory and Practice of Equality*, Cambridge, MA: Harvard University Press (2000)（ロナルド・ドゥオーキン、小林公・大江洋・高橋秀治・高橋文彦訳『平等とは何か』木鐸社、二〇〇二年）

7 Hannah Arendt, *On Revolution*, London: Penguin Books (1963)（ハンナ・アレント、志水速雄訳『革命につ

いて』ちくま学芸文庫、一九九五年）

8　この点に関連して、制御できない感情の動きが自分の中で起こる時、人間にはそれをなんとか制御しようとする傾向があることを指摘しておきたい。アーレントのいうように、同情は「あたかも伝染するかのように」こみ上げてくる感情であるが、まさに「伝染」という比喩が言い当てているように、そうした心の動きはしばしばメンタルな病理を誘発することさえあるくらい、負荷の高いものでもある。人間は、無意識のうちに、それを軽減しようとする。たとえば、われわれは、目の前に嘆き悲しんでいる人がいたとしても、その理由も事情もまったくわからずに、いつでも無条件にあるいは自動的に同情を抱くということはない。同情の成立は、なぜ嘆き悲しむに至ったのか、その理由や事情について即座に察知できるか、もしくはあらかじめそうしたことについての情報があるかが前提となっているという意味で、すでにふるいにかけられていると考えられる。最初はこみ上げてくるように抑えがたい同情を抱いたとしても、理由や事情を詳しく知ることによって、同情の気持ちが薄れたり、なくなったりすることもある。こうした本能的ともいえる作用が、個別の対象者への同一化をともなうためにメンタル負荷の高い「同情」よりも、抽象化された集団に向けられた「憐れみ」への転化を促進する、ということもいえるかもしれない。

9　この点については、酒井直樹『日本／映像／米国――共感の共同体と帝国的国民主義』（青土社、二〇〇七年）を参照。

第七章　他者への支援を動機づける同情と憐れみ

三村憲弘氏との共著

本章の目的は、不遇な境遇を強いられている人々に対し何らかの支援の手が差し伸べられるべきだとする人間の道徳的直観のメカニズムを、サーベイ実験の手法、すなわち人々の態度や意見を聴取する世論調査（サーベイ）の中に実験を組み込む手法を用いて明らかにすることである。

われわれは、生活必需品や食糧さえ不足し日々苦しんでいる人々、あるいは災害や事故に突然見舞われ平穏な生活との断絶を余儀なくされた人々などを前にすると、自然な心の動きを通じて、そうした人々に対する支援を行うよう動機づけられる。たとえば、東日本大震災の後、多額の義援金や寄付金が集められ、たくさんのボランティアが被災地に駆けつけたのは、多くの日本人がそうした支援を行うことが道義的に正しいことであると受けとめたからであろう。しかし、一般に、他者の不遇に向き合うわれわれの態度はけっして一様ではなく、また同じ個人であっても、動機づけられて行動するときとそうでないときがある。はたして人間は、どのような場合に苦難を受けている人々を支援すべきだと感じるのか、そして何を契機としてそうした直観を態度や行動で示そうとするのか。本章が解明しようとするのは、こうした問いである。

学術的には、本章は、これまで政治学を二分してきた「当為（べきである）」に関わる規範的研究と「存在（である）」についての経験的研究とを架橋しようとする試みの一つとして位置づけられる。[註1]残念ながら、とくに日本におけるこの二つの分野のあいだには、これまで一種の「棲み分け」が定着しており、それぞれを専門とする研究者どうしの知的交流が進んできたとはいえない。以下で展開していく考察や実証が、規範と経験とが交差する場で成立するリサーチクエッションの解明に新しい展望を開くとともに、規範的研究と経験的研究とのあいだでの学術的対話を促進する一つのきっかけとなれば幸いである。

理論

本節では、他者への支援を動機づける道徳的直観について、理論的な検討を行う。まず、本章の鍵概念である「道徳的直観のメカニズム」を定義する。続いて、政治学や心理学などの関連する先行研究をレヴューし、それらにおいて規範からのアプローチと経験からのアプローチとがうまく融合していないことを指摘する。最後に、H・アーレントが展開した「同情」と「憐れみ」についての議論を手がかりにし、支援への動機づけに関する規範的考察と経験的実証とを結びつけるべく、仮説を導き出していく。

道徳的直観のメカニズム

現代社会では、すべての人々が平等に幸せな生を営んでいるとはいえない。世界を見渡すと、たとえばサハラ以南のアフリカの国々をはじめとして、国民の多くが最低限の食糧や医療サービスにさえ事欠く苦境に陥っている国家がまだいくつも存在する。また、先進国と呼ばれる国々においても、歴然とした経済的格差および社会的差別がさまざまな形で残存し、政府の用意する公的な保障制度の網にかからず困難な生活を強いられている人々が数多くいる。そして、現代においては、どこに住んでいようとも、誰もが自然災害や想定外の事故に突然見舞われ、一瞬にしてそれまでの平穏な生活からの断絶を余儀なくされる可能性がある。そのような災難からの回復や復興には長い時間を要し、その間人々は心身の苦痛に耐えなければならない。仮に回復や復興に成功したとしても、被災の記憶や苦難の経験が消え去るわけではなく、かつての幸せな生をそのまま取り戻せるわけではない。

不遇な境遇を強いられている人々を前にすると、われわれは自然な心の動きを通じて、それらの人々に対し何らかの支援の手が差し伸べられるべきであるという道徳的直観をもつ。[註2] しかし、そのような直観はいつも同じようにわれわれを動機づけるわけではなく、他者の不遇に向き合う態度はけっして一様ではない。同じ個人でさえ、似たような苦難にあえいでいる他者を目の当たりにしながらも、道徳的に動機づけられて行動するときとそうでないときがある。このことは、他者への支援をめぐる態度や行動が、直観そのものを直接的に反映するのでなく、何らかの心的な回路を通してその都度決定されていることを示唆している。

ここでは、その回路を「道徳的直観のメカニズム」と呼ぶ。はたしてわれわれは、どのような場合に苦難を被っている人々を支援すべきだと感じ、何を契機としてそうした直観を態度や行動で示そうとするのか。これらの問いに答えるためには、このメカニズムを理解することが不可欠である。

先行研究の批判的整理

他者への支援に関する人々の態度や行動の解明は、これまで政治学を二分してきた規範的研究と経験的研究とが交差する場において成立するリサーチクエッションである。しかし、それは裏返せば、こうした問題の解明にあたっては、規範の側からのアプローチのみでも、また経験の側からのアプローチのみでも、不十分であることを示唆する。筆者らのみたところ、残念なことに、これまでの先行研究では、この二つの方向からの考察や分析がうまく融合してきたとはいえない。

たとえばJ・ロールズの『正義論』に代表される現代規範理論研究においては、不遇な人々に対する支援は正義にかなっているかどうか、かなっているとすればそれはなぜそうだといえるのかという問題が、中心的テーマとして論じられてきた。しかし、こうした研究では、他者への支援を支える理念ないし行動指針そのものを理論化する作業は行われているが、それらがわれわれの実際に住む世界においてどのように（なぜ）反映されているのか（いないのか）という経験的な検討が十分になされてきたとはいいがたい。[註3] 不遇を被っている他者を支援すべきだとする理念や行動指針がいかに精緻に理論化され、その妥当性や普遍性が確立できたとしても、それらが実際の世界において現前していないのであれば、そのこと自体、新たに探究すべき規範的問題を提起するはずである。経験的事実から乖離した純粋に抽象的な理論化のみで、規範分析が自己完結するわけではない。[註4]

他方、他者への支援をテーマとする経験的研究についても、こちらは逆に規範的考察が抜け落ちているという点で、不十分だという印象を受ける。一例として、政治学の学術誌として世界で最も評価の高い*American Political Science Review*誌に最近掲載されたA・ベイカーの論文を取り上げよう。この研究においては、本章でも用いるサーベイ実験の手法を使って、アメリカにおける対外援助政策への国民の支持態度が人種偏見という要因、とりわけ黒人に対するパターナリズムによって影響を受けていることが示されている。しかし、人種偏見にせよパターナリズムにせよ、それらは他者を支援すべきであるという道徳的直観を促進（ないし阻害）する要因ではありえても、直観そのもの、すなわちそもそもなぜ人々は支援することへと動機づけられるのかを説明するわけではない。また、アメリカの人々のみに対象を限定したサーベイ実験によって、黒人に対する偏見やパターナリズムの影響を特定できたとしても、分析結果はアメリカ固有の歴史的文脈に大きく依存していると考えられ、その含意の一般性には疑問を付さざるをえない。

もちろん、経験的な研究では、分析の対象をより多くの国々に広げた国際比較も行われている。しかし、そうした研究は、さらに一段と規範的理論化の作業をなおざりにしており、単に大規模なデータセットを用いて多くの変数を投入し統計的に有意な相関関係を確認することだけに終始している感が否めない。たとえば、援助政策に対する支持の国際比較としておそらく最も包括的な分析を行ったP・パックストンとS・ナックの共著論文では、包括的なデータに基づいて支持態度の決定要因を個人レベルと国家レベルの両方で検証し、信仰心（religiosity）や貧困の原因についての認識（beliefs about the causes of poverty）などの影響が確認できた、という報告がなされている。しかし、人々の信仰心や貧困に関する認識が援助政策への態度を決定するという議論は、専門用語でいうところの「内生性問題」、すなわち信仰心や貧困に対する認識が（援助政策に対する態度から独立して）先験的に確立された態度ではないかもしれないという問題を克服できていないという批判をまぬかれない。ここに欠落しているのは、つきつめれば、他者への支援をめぐる態度と関係する信仰心とは何か、貧困についての認識とはどのように発生するのかについての規範的考察にほかならないのである。[註5]

他者への支援に関する態度や行動の実証という点では、政治学よりも心理学を専門とする研究者たちによる蓄積のほうがはるかに多い。その中には、人間の感情や心の動き自体を実験的手法によって検証しようとする研究も含まれ、支援を動機づけるメカニズムを理解しようとする本章にとって、参考となる知見も数多く提出されている。しかし、心理の探求がそのまま道徳的直観の解明を意味するわけではない。後者には、規範の観点からの問題提起や理論的考察が不可欠なのであり、またそうした規範的議論をふまえないと、感情や心の動きについて提示される実証データの解釈を誤る可能性も否定できない。

この点を、やや長くなるが、具体的な例を引いて解説しておきたい。他者への支援に関する心理学研究の重要な焦点の一つは、不特定多数の人々に対しての場合と、特定された一人もしくは少数の人々に対しての場合とで、支援をめぐる態度や行動に大きな差があるという経験的事実に向けられてきた。たとえば、D・スモールらによる研究では、被験者たちにあるダミーの実験をしてもらい五ドルの報酬をあらかじめ与えた後で、そのうちのどれだけの額を慈善団体に寄付するかを試す（本）実験が行われた。その際、半数の被験者にはアフリカにおける飢餓の悲惨な実状を描写する統計的情報が与えられ、もう半数の被験者にはロキアというアフリカに実在する七歳の少女が写真とともに紹介された。結果は、前者よりも後者の実験環境のもとでのほうが、被験者の平均寄付額が大幅に高くなるというものであった。しかし、この結果だけからでは、人々をより積極的に支援へと動機づける要因が、対象を「特定化（identification）」したことによるのか、それとも対象が一人であることによるのかを判別できない。そこで、この論文では、さらに続けて、統計的情報とロキアの紹介の両方を示すという第三の条件のもとでも、同じ実験を行った。その結果、個人の紹介のみが行われた場合よりも平均寄付額が大幅に低下することが判明し、このことから著者たちは「特定化」よりも「数」の効果のほうが大きいという示唆を導いている。[註6]

では、支援を動機づける要因として、なぜ「数」が重要なのだろうか。この問いに対する心理学者たちの説明は、けっして満足のいくものではない[註7]。前記論文の著者たちは、心理学ではおなじみの「二重過程理論（dual process theories）」の考え方に影響され、そのもとで、一人の人間の表情を見せられた際の人々の判断や意思決定は瞬発的な「情動システム」に基づき、苦難を被っている人への同情が生まれやすいが、他方、対象者の数が多くなり統計的な情報に転化すると、人々はより冷静に「理性システム」に従うようになり、他者への同情が成立する心的基盤が崩壊する、といった説明をしている。しかし、感性（的なもの）と理性（的なもの）とを二項対立的に捉えるこうした理論枠組みは、都合のよい後付け的な解釈を可能にするだけで、反証可能な形で人間の態度や行動を説明したり予測したりすることはできない。たとえば、前記の第三の実験条件のもとでは、感性を刺激するとされる個人の紹介と理性を刺激するとされる統計的情報とが混在しているわけであるが、そのような場合になぜ後者が前者を凌駕して寄付額を低下させることになるのかはまったく明らかではない。百歩譲って、「二重のシステム」なるものを想定することに意味があるとしても、理性は感情や情動をむしろ補完したり合理化したりする働きをするとも考えられ、二つのシステムがいつでも相反する判断や意思決定を生むと考えるべき理由はない。

本章の趣旨に照らして最も強調すべきは、他者への支援を動機づける要因が非理性的な心の動きであるという心理学者たちの議論が、規範的には「逆立ちした」とでもいうべき含意をもつということであろう。なぜなら、そのような議論は、他者に対する支援をどのように行えば公平で妥当といえるかという評価、すなわちどうすれば他者に対する支援は正義にかなうことになるかという判断をしようとすればするほど、人間は支援をしようとする態度や行動から遠ざかることを示唆しているからである。このような議論をさらに極端に発展させ、他者への同情という心の動き（およびそれを源泉とする利他主義）が正義や道徳と対立すると主張するC・D・バトソンらの研究もある。しかし、繰り返すが、同情（感性）と（理性に裏打ちされた）道徳正義とを二項対立的に捉えること自体、不毛である。加えて、とくにこの研究は、実験デザインのわかりにくさ、被験者の数の少なさ、刺激操作の恣意性、被験者の主観的評価への過度の依存など、実にさまざまな点で不適切である。[註8]

たしかに、実験を使った一連の心理学研究は、他者を思いやる人間の心の動きを直接的に検証しようとしており、その意味では、支援を動機づける道徳的直観の解明に重要な知見を提供している。しかし、その一方で、心理学者たちは、あくまで心の動きを経験的に観察することを第一義的な目的とし、その観察された心の動きの規範的含意を解釈するための理論や分析枠組みをもちあわせているわけではない。理性的な判断ではなく瞬発的な感情や情動こそが支援を動機づけるといった解釈や、非理性的な心の動きは正義や道徳に反するといった解釈は、規範理論の言明としてはあまりに短絡的であるというほかない。そして、そのような解釈が導かれるよう設計された実験デザインは、心理の検証に成功したとしても、規範を論じるための枠組みを提供しているとはいえないのである。

アーレントの「同情」と「憐れみ」

筆者らは、一律に情動的であるとか、一律に正義に反するなどといった極論に陥ることなく、他者への支援を動機づける道徳的直観を理論化し経験的に検証したいと考える。このために、前章でも紹介したH・アーレントによる「同情（compassion）」と「憐れみ（pity）」という二つの概念についての議論を手がかりにしたい。この議論は名著『革命について』の一節で展開されているもので、まさに二つの心の動きのもつ規範性の違いを特徴づけており、ここで参照すべき価値がある。

まず同情について、アーレントは、それが苦難を被っている他者との「共苦（co-suffering）」を通じて生じる感情であると定義している。つまり、それは能動的でなく受動的に惹き起こされる心の動きであり、他者の苦難が「あたかも伝染する（contagious）かのように」起こるものであるとされる。この定義をふまえて、アーレントは、同情という感情が「単一性（singularity）」もしくは「個別（the particular）」志向性とでも呼ぶべき特徴をもつことを強調する。すなわち、同情の対象としての他者は、あくまで苦しんでいる個人にとどまる。逆にいうと、同情という感情が同時に複数の人々――たとえば階級や民族といった集合体――にまで拡張することはない。同情という感情は、アーレントによれば、「一般化する能力（capacity for generalization）」をもたない。

アーレントは、同情を「感情（passion）」の一つとして明確に位置づけているのに対して、憐れみは「感傷（sentiment）」であると述べている。一般に、感傷とは、他者をめぐる心の動きではなく、むしろ自分自身の空想の中で満たされる欲望に関係している。極端にいえば、憐れみを感じる者にとっては、他者が被っている苦難は（自分が描くシナリオの一要素として）空想上の欲望を充足するために利用されるにすぎない。アーレントが憐れみを「徳の源泉としての苦難の称賛（praise of suffering as the spring of virtue）」と呼んでいるのは、この意味においてである。憐れみという心の動きが、他者の苦難を除去しようとする態度や行動を動機づけることもあるが、それはあくまで自らの徳を誇示するためだ、というのである。

不遇を強いられている対象との心理的な距離あるいは位置関係という点で、アーレントの区別する同情と憐れみとは、およそ対照的だといえる。同情が「共苦」から生まれるというとき、アーレントは同情を寄せる者と苦しむ他者とのあいだの距離が一気に飛び越えられると考えている。客観的には、自らに責任のない不遇を強いられる確率は、すべての個人にとって平等なはずである。それゆえ、目を覆いたくなる悲惨な境遇を強いられている人々を見ると、われわれは自分自身も同じような苦難を被る可能性がある

（あった）かもしれないと感じる。それは、いってみれば二人の立場が代替可能であるという感覚である。この感覚が自分を苦難の当事者として想像することを可能にし、アーレントのいう同情が成立する。

他方、アーレントのいう憐れみのもとでは、憐れむ側と憐れみの対象とのあいだの位置関係は、あくまで非対称的である。そして、自分は苦難の当事者でなくそれを観察している者にすぎないという心理上の距離が前提となり、憐れみは一般化された集団――「恵まれない人々」や「貧しい者たち」――に対しても向けられることになる。このことの延長として、アーレントは、憐れみという心の動きが、苦難を被っている人々を自らの力では変革できない無力な者として見下すようになる可能性を指摘している。つまり、彼らは、外部からの支援がなければ自己統治ができない存在であり、いつしか外部からの介入を求める者たちとみなされるというのである。ここに、アーレントは憐れみが「権力への渇望（thirst for power）」を内に宿しているとして、その政治的危険性を嗅ぎ取っている。

以上要約したアーレントの議論からは、他者への支援を動機づける道徳的直観と、その直観が人々の態度や行動に表出する心的な回路について、いくつかの重要な理論的示唆が導かれる。まず、最も基本的な点として、他者への支援をめぐるわれわれの道徳的直観は、けっして一枚岩的に発生するのではない。少なくとも同情と憐れみは、異なる規範的特徴をもつ心の動きであり、人間の道徳的直観の源泉として区別して考えなければならない。次に、明示的ではないもののアーレントの議論は、その当然の含意として、同情と憐れみという二つの心の動きが同時に人々を動機づけることはありえないことを示唆している。なぜなら、たとえ当初は二つが未分化なまま発生したとしても、自らの徳を誇示するための感傷（憐れみ）に浸り始めた時点で、受動的な感情（同情）ではない――それと矛盾する――心の動きが働いていると想定されなければならないからである。

さらに、アーレントの議論からは、同情と憐れみという二つの心の動きが実際の態度や行動に反映されるメカニズムについて、より具体的にいくつかの検証可能な仮説が導かれる。ここでは、とくに次の二つの次元に注目したい。第一は、自分と不遇を強いられている対象者との代替可能性が成立しやすいかどうか、という次元である。アーレントのいう同情が人々の心に生まれるのは、そうした代替可能性が成立し、両者の環境の差異を埋める想像が働く場合である。想像に個人差があることは否めないが、一般にそれは自分の暮らしている身近な場所で起こった苦難の対象者に対して働きやすいと考えられる。これに対して、自分の慣れ親しむ生活環境と明らかに異なる場所で起こった苦難については、人々はそれが自分に降りかかったかもしれない可能性を想像することは難しいであろう。したがって、たとえば外国で起こっている苦難の対象者に対しては、憐れみによって支援が動機づけられるという仮説が導ける。

第二の次元は、苦難を被っている対象者が一人か多数か、という次元である。先に紹介した通り、これは心理学研究においても重要なテーマであったが、この次元が想定される根拠は、二重過程論の想定する「感性vs.理性」という二項対立ではなく、アーレントの議論では「感情vs.感傷」という対立構図を反映し異なる心の動きを源泉とするからだ、ということになる。そして、前者では他者を思いやる同情が支援を動機づけるが、後者では自分自身のための憐れみという心の動きが支配的になる、という仮説を導ける。

以上、アーレントの提示した同情と憐れみという概念を敷衍することで、他者への支援を動機づける道徳的直観のメカニズムについて、経験的な検証へと進める段階にまで議論を展開してきた。ただし、ここで導出した仮説は、まだ抽象的なレベルにとどまっている。次節では、いよいよそれらを実証分析のための作業仮説へと操作化し、実際にサーベイ実験から得られたデータを用いて検証を行っていく。

実証

本節では、筆者らが行ったサーベイ実験に基づく実証分析とその結果を提示する。本格的な実験による検討に入る前に、まず、他者への支援の態度や行動が一様ではないこと、すなわち態度や行動にバラツキを生じさせる心的回路として道徳的直観のメカニズムを想定することが適切であることを確認する。次に、サーベイ実験で検証する仮説を整理し、実際に刺激として用いた写真も提示しながら実験デザインを説明する。続いて、分析結果を報告し、その含意および解釈をまとめ、最後に方法論的な留保を付け加える。

予備的考察

すでに述べたように、筆者らは、不遇な境遇を強いられている人々に対し支援の手が差し伸べられるべきだとする道徳的直観が、必ずしも一律に人々の態度や行動を動機づけるわけではない、という前提に立つ。まず、この前提を、比較的単純なデータ比較によって確認することからはじめたい。以下で紹介するサーベイ実験でも人々の対応にバラツキがあることを検証するわけであるが、それに先立ってこの予備的考察を行うのは、実験という手法に対する根本的な懐疑論、すなわち実験環境のもとではバラツキを生じさせるための刺激を周到に操作するので結果にバラツキが生じるのは当然であるといった批判に、あらかじめ応答するためである。

次に示す二つの文章は、日本に居住する成人男女約三〇〇〇人を対象にして、二〇一三年六月にウェブを通じて行った世論調査の中に組み入れられた質問文である。[註9] 実際に行った調査では、回答者はランダムに二つのグループに分割され、約半数には質問文【1A】を、残りの約半数には【1B】を提示して回答してもらった。見ての通り、二つの質問文はどちらも日本の対外援助政策について訊ねたものであり、一点を除いてまったく同一の文章である。その一点とは、援助の対象が「開発途上国」と一般的に述べられているか、それとも「アフリカ諸国」とより具体的に限定されているか、という点である。

【1A】次に、日本の開発途上国に対する援助についてお伺いします。政府は「政府開発援助（ODA）」を、外交を推進し、国際貢献を果たす上で最も重要な外交手段の一つとして位置づけています。あなたは、こうした援助を今後増やしていくべきだと思いますか、減らしていくべきだと思いますか。

【1B】次に、日本のアフリカ諸国に対する援助についてお伺いします。政府は「政府開発援助（ODA）」を、外交を推進し、国際貢献を果たす上で最も重要な外交手段の一つとして位置づけています。あなたは、こうした援助を今後増やしていくべきだと思いますか、減らしていくべきだと思いますか。

表7-1は、異なるワーディングの質問文を提示された回答者の回答をそれぞれ集計した結果である。この表を一見して明らかなのは、「増やしていくべき」もしくは「どちらかというと増やしていくべき」と回答した人々、すなわち援助に積極的である人々の割合が、質問文【1A】を訊ねたグループに比べて【1B】を訊ねたグループのほうで断然高い、ということである。人々は「開発途上国」という一般的なカテゴリーを念頭におくときよりも、「アフリカ諸国」という具体的な援助対象を思い浮かべるときのほ

うが、外国への支援により前向きな態度をとるということがわかる。

ところが、この結果は、サーベイで訊ねられた他の質問に対する回答分布との比較からすると、むしろ例外的である。たとえば、前記の質問のすぐ後に、回答者には「政府開発援助に関しては、さまざまな意見があります。あなたは、次のそれぞれの意見について、どう思いますか」という共通の導入文とともに、以下に提示する二組の意見が提示された。援助対象の部分を除いて同一の文章である点は同様であり、サンプル分割も前記質問を引き継ぎ、質問文【1A】を訊ねた回答者には【2A】と【3A】を、質問文【1B】を訊ねた回答者には【2B】と【3B】を、それぞれ訊ねるようにした。

【2A】貧困に苦しむ開発途上国の人々を援助することは、人道的に当然である。

【2B】貧困に苦しむアフリカ諸国の人々を援助することは、人道的に当然である。

【3A】開発途上国が直面する課題は、日本を含む国際社会が援助して解決しなければならない。

【3B】アフリカ諸国が直面する課題は、日本を含む国際社会が援助して解決しなければならない。

表7-1　援助政策に関する回答分布

単位（%）

	【1A】：開発途上国	【1B】：アフリカ諸国
増やしていくべき	4.35	11.30
どちらかというと増やしていくべき	17.48	29.45
現状を維持すべき	40.12	33.98
どちらかというと減らしていくべき	17.15	10.64
減らしていくべき	11.05	6.18
わからない	9.04	7.98
答えたくない	0.80	0.47
計（%）	100.00	100.00
N（人）	1493	1504

表7-2　援助理由についての回答分布

単位（%）

	「援助は人道的に当然か」		「日本を含む国際社会が解決すべきか」	
	【2A】：開発途上国	【2B】：アフリカ諸国	【3A】：開発途上国	【3B】：アフリカ諸国
そう思う	16.74	18.62	14.80	13.96
どちらかといえばそう思う	48.29	47.54	43.34	41.82
どちらともいえない	20.63	19.61	23.51	24.47
どちらかといえばそう思わない	4.42	4.06	7.17	6.98
そう思わない	3.15	3.19	3.35	4.12
わからない	6.23	6.58	7.37	8.24
答えたくない	0.54	0.40	0.47	0.40
計（%）	100.00	100.00	100.00	100.00
N（人）	1493	1504	1493	1504

表7-2は、この二組の質問に対する回答を集計したものである。表7-1の結果ときわめて対照的に、この二組に関しては、支援対象を「開発途上国」と一般的に記述した場合も「アフリカ諸国」と限定した場合も分布がほとんど同じであり、ワーディングの違いによって人々の回答に（統計的に有意な）差は確認できない。

表7-1および表7-2で示されたデータは、支援を動機づける道徳的直観が必ずしも同一の態度や行動を導くわけではないことを示唆している。貧困に苦しむ国々の人々を援助することは人道的かという第二の質問、またそうした国々の課題は日本を含む国際社会が解決すべき問題かという第三の質問は、回答者の道徳的理念ないし行動指針そのものを問うていると考えられる。これに対して、第一の質問は、そうした理念や行動指針に支えられるべき政府の支援のあり方への態度を問うているといえる。したがって、異なる対象の想定にもかかわらず第二および第三の問いに対する回答分布が安定している一方で、第一の問いで測られている政府支援への支持・不支持となると大きくばらつくという結果は、道徳的直

観と態度や行動とのあいだに何らかの心的なメカニズムが介在していることを物語っているのである。

もっとも、そのメカニズムの内実を解明していくにあたっては、これ以上この回答分布の比較に依拠することはできない。政府の援助政策への支持・不支持は、苦難を強いられている他者への支援をめぐる態度や行動の一つの表れ方ではあっても、けっしてその核心を捉えられない、と考えられるからである。その最大の理由は、援助政策への支持・不支持とは、あくまで回答者が観察者の立場にとどまって下した評価にすぎず、苦難を共有する当事者としての態度を反映していないという点にある。たしかに、政府の対外援助は、回答者たちも納めている（であろう）税金（および彼らがいずれ負担することになる財政赤字）によって賄われている。しかし、前記質問文のワーディングは、回答者に開発途上国・アフリカ諸国の抱える苦難が自分たちにも降りかかるかもしれない問題であると認識させるものとなってはいない。さらに、政府の援助政策について訊ねるサーベイでは、支援対象が「開発途上国」や「アフリカ諸国」と記されるだけで、そこで苦難を被っている個人はいかなる形でも特定されない。加えて、そもそも政府援助は、支援の対象が、一般の人々の身近な生活環境とかけはなれた外国に限定されている。対象が外国に限られ、しかも個人が特定されることのない集団を思い浮かべて生まれる心の動きは、アーレントの議論を思い返せば、他者への支援を動機づける道徳的直観の一部を構成するにすぎない。それだけを分析することから、そのメカニズムの全容についてバイアスのない推論を導くことはできないのである。

実験デザイン

他者への支援をめぐる道徳的直観のメカニズムを体系的に解明するためには、より特化して設計されたサーベイ実験に基づく検証が不可欠となる。そこで、筆者らは、ここで詳しく紹介するデザインに基づく実験を、二〇一二年の六月と十二月にウェブを用いたサーベイに組み込んで実施した。二回にわたって同様の実験を行ったのは、十分なサンプル数を確保するためとともに、後述するように、六月の実験で明らかになった結果をもとに、その結果の解釈をより正確に確認するための追加的な実験を十二月に行うことが有益と考えたからである。[註10]

サーベイ実験では調査の対象者をあらかじめ刺激を与える実験群グループと刺激を与えない統制群グループとにランダムに割り当てて、両者間および異なる刺激が与えられた実験群間で回答に違いが生み出されるかどうかを検証する。すでに示唆した通り、同情と憐れみという異なる特徴をもつ心の動きは、少なくとも二つの独立した次元、すなわち苦難が起こっている場所とその苦難の対象者として想定される人々の人数の違いによって、異なるパターンで発生すると考えられる。そこで、筆者らは、苦難の場所を「日本vs.アフリカ」として、また対象者の人数を「多数vs.一人」としてそれぞれ操作化し、合わせて四つの実験刺激を与えることにした。具体的には、刺激は四つの状況にそれぞれ対応する写真とその説明文を提示することで与えられた。統制群には、写真は提示されなかった。前節の仮説に従えば、四つの刺激に対応して起こる心の動きは、表7-3に整理される。

では、サーベイ実験の手順を具体的に紹介していこう。実験は、すべての被験者に次のリード文が共通に提示されるところから始まる。

次に、干魃や竜巻、地震などの自然災害により、恵まれない境遇に陥ってしまった人々に対して、政府がなすべき支援のあり方についてお伺いします。災害の規模が大きいと、こうした境遇の人々の最低限の生活を確保するだけでも、相当な資金が必要となります。このことについては、限られた政府の予算の中、「一人でもそうした人々の暮らし向きが改善されるのなら、価値ある支援となる」という意見もあれば、「そうした人々すべての暮らし向きが改善されないのなら、価値ある支援とならない」という意見もあります。

このリード文から次のウェブ画面へ進むと、どの実験群に割り当てられたかにより、被験者には異なる画面が提示された（統制群にはこのステップはない）。すなわち、実験群に割り当てられた被験者には、以下に示す四つの写真およびそれに対応する説明文が提示された。なお、日本を対象とした二つの写真は二〇一一年三月十一日に起こった東日本大震災のもの、そしてアフリカを対象にした二つの写真は同時期に大規模な干魃に見舞われていたソマリアのものを、それぞれ用いた。[註11]

これらの画面が提示された後、最後の画面には再びすべての被験者に共通の文章が提示され、こうした不遇の状況を強いられている人々にどのぐらいの支援をする意思があるかという質問がなされた。そのワーディングは、以下の通りである。

さて、いま仮に日本の政府は、こうした境遇に陥った人々に対する支援を拡充するために、消費税を一％程度引き上げることを検討しているとします。あなたは、その支援策でこれらの人々のうち何パーセントの人々の生活が最低限保障されるのなら、消費税の引き上げを支持することができますか。

表7-3　苦難の場所および対象人数と期待される刺激効果

場所＼人数	多　数	1　人
アフリカ	憐れみ	憐れみ／同情
日　本	同情／憐れみ	同情

刺激① アフリカ×多数

©AFP PHOTO / ABDURASHID ABIKAR

刺激② アフリカ×1人

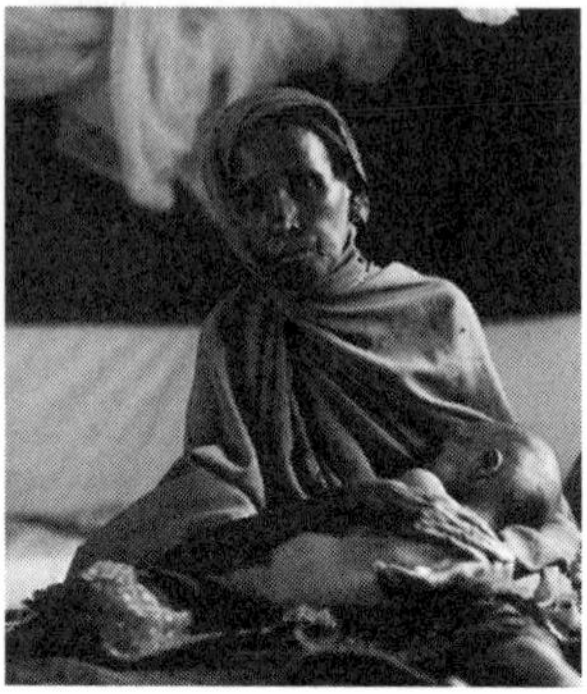

©AFP
PHOTO / ROBERTO SCHMIDT

①②共通
アフリカ東部地域では、（昨年、）過去60年で最悪の干魃の被害により、多くの人々が難民キャンプで、食料や衣料が十分に行き渡らない不自由な生活を強いられています。

刺激③ 日本×多数

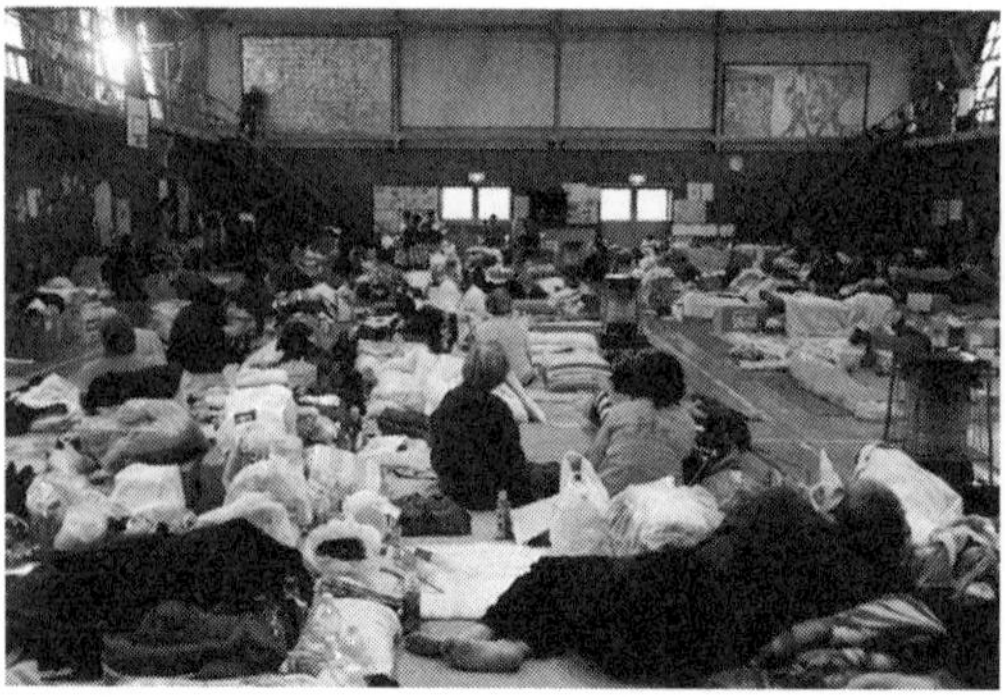

©AFP PHOTO / TOSHIFUMI KITAMURA

刺激④ 日本×1人

©AFP
PHOTO / TORU YAMANAKA

③④共通
昨年の３月11日に起こった東日本大震災の後、被災した多くの人々は避難所で、食料や衣料が十分に行き渡らない不自由な生活を強いられました。

この最後の質問の構成および内容は、いくつかの点に留意して設計された。まず、日本には、税制や宗教の違いなどさまざまな理由により、欧米のように日常から寄付を行う習慣や文化が定着していない。したがって、被験者が行う意思のある支援を測定する上で、「あなたなら、いくら寄付しますか」というような直接的な訊ね方や、先行研究として紹介した心理学実験などで行われているように実際に寄付を依頼することは、適切ではない。その一方で、前述の通り、苦難に対する支援の動機づけを解明しようとするからには、自らが苦難の当事者であること、もしくはその可能性を意識させた上で、その意思を確かめなければならない。この実験を実施した当時、消費税の増税は国民のあいだで広く議論されていた政治的アジェンダの一つであり、増税による増収分の使途についても、たとえば福祉目的に限定するなどといったように、それを特定化することが現実的な政策オプションとして話題に上っていた。消費増税はすべての人に負担を強いることになり、また前記ワーディングにある通りの一%の引き上げという数字も、被験者たちにとっては十分に現実感のある想定と考えられた。こうした理由から、消費増税に対する態度によって、支援への意思を測定するのがふさわしいと判断したのである。

この最後の質問に対する回答は、ウェブ画面上ではプルダウンで選んでもらった。具体的には、その選択肢は〇%から一〇〇%までの（一%刻みの）すべての数字と、「一〇〇%でも消費税の引き上げを支持しない」（および「わからない」「答えたくない」＝以下欠損値として扱う）であった。いうまでもなく、この数字が低い（高い）ほど、回答者が支援に対して積極的（消極的）であることを意味する。そこで、このサーベイ実験の焦点は、統制群と比べて、刺激を与えられた実験群の被験者のほうが支援に対しより積極的な態度をとるかどうか、また異なる刺激を与えられた実験群間で被験者の回答パターンに顕著な違いが表れるかどうか、ということであった。

分析と解釈

サーベイ実験の結果は、他者への支援を動機づける道徳的直観のメカニズムを解き明かす上で貴重な経験的データを提供するとともに、そのメカニズムの規範的含意を考える上で示唆に富むものとなった。おもなポイントを先取りしてまとめると、まず経験的知見としては、①他者への支援の動機づけとして、苦難を被っている人数よりも苦難が起こっている場所のほうがより強く人々の心を動かすこと、②アフリカについての結果は、これまでの先行研究と整合的に、多数よりも一人の対象者を想起した場合のほうが、支援に対してより積極的な態度を生じさせること、その一方で、③日本についての結果は、先行研究では報告されたことのないパターンを呈し、実験刺激を与えると支援に対してかえって消極的な態度を生じさせること、の三点が確認された。また、規範的含意としては、④他者への支援を動機づける道徳的直観は憐れみに拠るところが大きく、それゆえ支援という行為自体を通して、支援する者の支援される者に対する優越感やパターナリズムを生む危険性をはらんでいるということ、そして、皮肉なことに、⑤そのような優越感やパターナリズムと無関係な同情という心の動きは、支援への動機づけをむしろ抑制する可能性があるということ、である。以下、これらの点について、順次解説していく。

まず、表7-4は、アフリカの多数もしくは一人の対象者の写真を提示した二つの実験群と、何も刺激を与えなかった統制群とに、それぞれ割り当てられた被験者の回答を比較したものである。この表によれば、苦難の対象が多数の場合であれ一人の場合であれ、実験刺激によって喚起された心の動きが人々を支援へと動機づけていることが明らかである。さらに、二つの実験群のあいだにも、統計的に有意といえる平均値の差があり、総じて多数の写真を見せられた被験者よりも一人の写真を見せられた被験者のほうが、支援に対しより積極的であることが見てとれる。この結果は、アーレントの議論に基づいて表7-3にまとめた筆者らの仮説、すなわち苦難の対象が一人に限定されている場合と多数に及ぶ場合とでは、人々が支援へと動機づけられるメカニズムが異なるという仮説と整合的である。一般の日本人にとって、外国での苦難をめぐり何らかの心の動きが喚起されるとすれば、それは憐れみであり、とりわけアフリカという文脈では、その傾向が強いと考えられる。それでも、苦難の対象が一人に限られる場合には、たとえば子供をもつ親の立場や親を心配する子の立場の代替可能性が成立し、同情という心の動きが生じることもありうる。表7-4で確認される実験群間の差は、多くの日本人にとってはおよそ身近とはいいがたいアフリカであっても、一人の苦難を対象とする場合には、憐れみを抱く人々に加えて、同情という心の動きが喚起され、支援へと動機づけられる人々もいることを物語っている。

　次に、東日本大震災の被災者の写真を提示した二つの実験群と統制群の回答分布を比較しよう。表7-5にまとめた結果によれば、実験刺激によって喚起された心の動きが支援を動機づける点はアフリカの場合と変わらないが、その動機づけはまったく逆の方向に働いている。すなわち、人々は刺激によって心の動きを誘発されると、支援に対してかえって消

表7-4　1％増税の支援が及ぼすべき対象者の割合：アフリカ

	実験群①	実験群②	統制群
刺　激	多数	1人	—
予想される心の動き	憐れみ	憐れみ／同情	—
回答（平均値）（％）	36.2	32.5	43.7
N（人）	(585)	(590)	(621)

表7-5　1％増税の支援が及ぼすべき対象者の割合：日本

	実験群③	実験群④	統制群
刺　激	多数	1人	—
予想される心の動き	同情／憐れみ	同情	—
回答（平均値）（％）	49.7	49.4	43.7
N（人）	(635)	(591)	(621)

極的になるという傾向を、ここにみてとることができる。この結果は、一見反直感的であるばかりか、実験群と統制群の回答パターンがここまで明確に逆転している例は、これまでの先行研究で指摘されたことがない。また、この表では、苦難の対象者が多数である実験刺激と一人である実験刺激とのあいだに、統計的に有意と確認できる影響の差はない。苦難を被っている人の人数の違いが重要な要因であるという考えは心理学の研究で強調されてきたが、ここでの実験結果はそれを反証している。むしろ、人数の影響がアフリカでは見出せるものの、日本の文脈では見出せないという結果は、表7-3で整理したように、苦難の対象者の人数という次元が支援を動機づけるメカニズムの一端を構成するにすぎないことを示唆している。実験刺激の働く方向がアフリカと日本とで明確に非対称的であるという結果とあわせて解釈すると、他者への支援を動機づけるメカニズムとしては、苦難を被っている人数よりも、苦難が起こっている場所のほうが、人々の心をより強く動かす要因であるということができる。

では、なぜ日本人は、苦難の対象がアフリカの人である場合よりも日本人である場合に、支援をすることにより躊躇するのであろうか。それは、筆者らの仮説に従えば、東日本大震災は多くの日本人にとって自分がその被災者であったかもしれないという立場の代替可能性が成立する出来事であり、それに対する支援への動機づけが同情という心の動きを源泉とするからだ、と解釈される。いまいちどアーレントの議論に立ち返って、同情という感情が、苦難を被っている一人一人に対し個別に向けられるものであることを想い起こそう。同情に基づく動機づけのメカニズムは、それゆえ、支援によって「どの（個別の）人が助けられるのか」ということが認知されなければ、作用することはない。たしかに、写真を見せられることで、そこに写っている特定の被災者（たち）に、自分の支援が向けられるだろうという認知が生まれやすくなる可能性は否定できない。しかし、「どの人が助けられるのか」という問いは、「どの人は助けられないのか」という問いと、表裏一体である。自分の支援が行き届かない人がいるかもしれないという可能性に思いが及んだ途端、その人の認知の枠組みは、個人のレベルから、支援によって不遇が改善される被災者とそうでない被災者という二つの集団レベルに移行してしまう。このとき、あくまでも個人を対象とする同情は、支援を動機づけることができなくなってしまうのである。

以上の解釈を裏付ける傍証として、日本の写真を見た実験群とアフリカの写真を見た実験群、そして統制群のそれぞれどのぐらいの割合の被験者が、プルダウン形式で与えられた選択肢の中の「一〇〇％」という数字を選んだかについてのデータをみてみよう。表7‐6によると、アフリカの実験刺激を受けた被験者の中では、一〇〇％の人々を救えなければ支援のための消費増税に賛成しないと答えたのは、一割にも満たない。この割合は、刺激を受けなかった統制群の被験者についても、それほど変わらない。ところが日本の写真による実験刺激を受けた被験者のあいだでは、この割合がおよそ倍の二割近くまで跳ね上がっている。同情という心の動きが支援を動機づけるためには、助かる人が特定されるという要件と並んで、（すべての人が助かることによって）助からない人が特定されないという要件も、同様に重要なのである。

日本人が日本人に対する支援を躊躇する理由は、もちろん、この解釈以外にも考えられないわけではない。たとえば、筆者らの実験デザインでは、「日本vs.アフリカ」の対比によって身近であるか否かという次元を操作化した（つもりであった）が、この対比は「先進国vs.途上国」、すなわち経済や生活レベルの違いと

表7-6　すべての人に支援が及ばなければ１％増税に賛成しないとした回答者の割合

単位（％）

	多数	１人	全体
統制群	—	—	9.7
実験群：アフリカ	8.0	7.0	7.5
実験群：日本	17.8	19.6	18.7

いうまったく別の次元を表しているのではないかと考えることもできる。この考えに従えば、やや強引であるが、次のようにも解釈できるかもしれない。すなわち、日本人の多くは、東日本大震災による苦難が深刻であることを理解しつつも、日本に住んでいる限り、被災者が最低限の食糧や医療サービスにアクセスできるはずだと確信している。これに対して、アフリカにおける苦難は、今日から明日へと命をつなぐまさに綱渡りの状況にあり、日本とは比べものにならない。このように最低限保障されている経済および生活レベルの違いから、被験者たちは、アフリカに対しての支援をためらわないが、自国の被災者に対しては支援を躊躇するのではないか、と。

このもう一つの解釈を、前記のサーベイ実験だけから棄却することはできない。そこで、筆者らは、二〇一二年十二月に二回目の実験を行った際、日本とアフリカに加えて、先進国であるアメリカで大型のハリケーンによって被災した人々の写真二枚を新たに用意し、同じ実験を行った（その写真および説明文は紙幅の制約で提示しない）。アフリカや日本の場合と比べて被験者の数が約半数であるので、単純な比較はできないが、それでも表7－7にまとめた結果が示唆するところは明瞭である。すなわち、アメリカの文脈においても、アフリカの場合と同様、実験刺激は人々をより積極的な支援へと動機づけている。このことから、道徳的直観のメカニズムを構成する次元としては、経済・生活レベルではなく、当初の仮説で示した通り、身近であるかどうかということが重要であると確認できる。

さて、以上のサーベイ実験から得られた経験的知見をふまえ、どのような規範的含意が導かれるかを考えよう。まず、人々が外国で起こっている苦難に対する支援に積極的であるという明白な傾向は、道徳的には一概に賛美されるべきものとはいえない。たしかに、多くの国民がそうした傾向をもち合わせれば、民意として、政府による対外援助政策や民間団体による途上国支援活動を根拠づけることになろう。その結果として、そうした政策や活動が安定的かつ継続的に行われるようになるとすれば、それは歓迎すべきことかもしれない。しかし、その一方で、外国への支援の背景にある憐れみという心の動きは、支援している自分と支援の対象者である他者との心理的距離を前提とし、アーレントが警鐘を鳴らした通り、支援の対象者を見下すようなパターナリズム、ひいては差別意識を育む可能性がある。外国に対する支援が安定して続けられるほど、そのような優越感がますます強くなっていくかもしれない危険性に、われわれは自覚的でなければならない。

次に、外国よりも自国への支援に消極的であるという結果は、一見すると日本人の冷酷な態度を表しているようにもみえるが、実はまったくそうでない。身近なところで生じている苦難に対しては、自分もその当事者であるという感覚を通して同情が生まれ、一人も落ちこぼれをつくることなく支援を施してあげたいという意識が高まる。それを非道徳的な態度と決めつけることはけっしてできない。たしかに、その意識ゆえに、支援の効果が全体に行き渡らなければならないという高いハードルが心の中に設けられ、それが支援の動機づけを制約することになるというのは、皮肉な結果である。しかし、同情という感情の発露が、憐れみとは対照的に、パターナリズムや差別意識に直結しない心の動きであるという点も、強調されるべきであろう。

おそらく、筆者らのサーベイ実験が提起する最も重要な規範的論点は、アフリカで起こった苦難に対する場合と、自国で起こった苦難に対する場合とを同列に並べて、他者への支援をめぐる道徳の問題を論じることはできない、ということ

表7-7　1％増税の支援が及ぼすべき対象者の割合：アメリカ

	実験群⑤	実験群⑥	統制群
刺　激	多数	1人	—
予想される心の動き	憐れみ	憐れみ／同情	—
回答（平均値）（％）	36.3	33.9	43.2
N（人）	(323)	(330)	(349)

ではないかと思われる。支援を動機づけるメカニズムはけっして一律に機能するようなものではない。それは、異なる心の動きを源泉とし異なる文脈のもとでそれぞれ異なるパターンで作用する。いいかえれば、道徳的直観なるものを、現実世界から離れて、抽象的で普遍的な概念としてのみ捉えることは、人間の心の動きの多様で複雑な本質を無視していることになるのである。

最後に、筆者らの行ったサーベイ実験のデザインについて、方法論的な観点から二つの留保を付け加えておきたい。第一に、筆者らの行った実験では、たとえばアフリカの一人の対象者の写真には黒人の女性が正面に向かって子供を抱えて写っており、一方日本の一人の対象者の写真には日本人の女性が横を向いて拝むような姿勢をして写っている、といったように、刺激となる写真がそれぞれ異なっているという問題がある。いうまでもなく、同一の写真でなければ、検証したい効果以外のすべての要因が完全にコントロールされるという実験環境は保証されない。しかし、アフリカと日本の文脈のどちらにも共通の写真を使うということは、肌の色や骨格などの明らかな違いから、実際には不可能である。筆者らは、方法論的厳密さを妥協することになったとしても、異なる文脈での支援をめぐる態度をサーベイ実験という手法で観察することは、十分意義深いことだと考える。

第二に、一般に、実験では「マニピュレーションチェック」、すなわち実験刺激が期待通りの効果を生じているかを確認するという作業工程が重要なのであるが、筆者らのサーベイ実験ではそれを行っていない。したがって、前記の分析および解釈に対しては、日本の写真を見せると同情という心の動きが、一方アフリカの写真を見せると憐れみという心の動きが、それぞれ本当に誘発されたのかどうかは定かではない、という批判が成り立つ。これは正当な批判であると受けとめる。しかし、そもそも、どのようなチェック項目を設ければ、被験者の心に生じた動きが「同情ではなく憐れみである」と判断できるのかは、難しい問題である。マニピュレーションチェックが欠かせないステップであるとしても、人々の心理や行動の規範的側面を分析しようとする実験においては、必ずしもそれをうまく組み入れることができない可能性があることを、ここでは指摘するにとどめたい。

結論

本章では、サーベイ実験を用いて、他者への支援をめぐる人々の道徳的直観のメカニズムを解明することを試みた。この研究の出発点には、同情と憐れみという二つの概念の規範的特徴を区別したアーレントの議論があったが、筆者らの行った実証分析は、その区別が経験的にも重要であることを示した。具体的には、憐れみという心の動きは外国で生じている苦難に対して人々を積極的な支援へと導くこと、他方、同情という心の動きは苦難が身近な場所で起こっている場合に支援の動機づけをむしろ抑制する方向で働くこと、などがわかった。

サーベイ実験によって明らかになったこうした経験的パターンは、今度はそれ自体が、新たに規範的問いを投げかけることになる。たとえば、パターナリズムや差別意識につながりやすい憐れみを拠り所にして、外国への支援を続けてよいのか、あるいは、同情という心の動きが生じることで、外国よりも自国の苦難の対象者たちへの支援が行き届かなくなるとすれば、それは公平といえないのではないか、といった問いである。このように、規範的な分析と経験的な分析とは、あたかもＤＮＡの二重螺旋構造のように、重層的に互いを補完し合いながら進化していく関係にある。

冒頭で述べたように、これまでの政治についての学術的研究では、規範的探究と経験的分析とのあいだに「棲み分け」が定着しており、とくに日本の政治学においてはそれぞれに特化した研究者が相手の専門分野に口をさしはさまないようにしようとする風土が暗黙のうちに成立しているように見受けられる。筆者らは、専門性にとらわれない知的な異種交配なくしては、学術が健全かつ持続的に進化していくことはありえないと確信している。今後の政治研究においては、経験と規範という両方の側面をバランスよく、ともに視野に収めた研究が、一層発展していくことが望まれる。

註

1 具体的には、筆者らを含めた日本政治学会の有志によるプロジェクトで、二〇一四年度に科学研究費（基盤研究B）「民主主義活性化のための政治理論と実証研究の共生成的政治学の研究」（研究課題番号 26285035：研究代表・小川有美）として採択され、助成を受けた。

2 こう述べることで、筆者らは、道徳哲学に関する学説史の文脈において「直観主義」と呼ばれる立場をとることを宣言していることになる。本章では、この立場は前提として扱われ、たとえば（対立すると位置づけられる）功利主義からの批判に対して直観主義そのものを擁護することはしない。ただし、以下に提示するサーベイ実験からのデータを、功利主義からすべて整合的に解釈することは難しく、その意味でここで展開する実証分析は遠回しながら直観主義を擁護するのではないかと、筆者らは考えている。

3 もちろん、例外もある。たとえば、最近刊行された Judith Lichtenberg, *Distant Strangers: Ethics, Psychology, and Global Poverty*, Cambridge: Cambridge University Press（2014）では、富める人々による貧しい国々に対しての支援のあり方を理論化する上で、社会心理学の実証的知見が積極的に用いられている。ただ、この書物では、経験的研究の成果を無批判に受容しすぎており、またその政策提言的な主張には実現可能性の観点から疑問も投げかけられる。

4 規範理論を専門とする研究者たちも、経験的事実の取捨選択が規範理論の構築にどのような影響を与えるのかという問題をまったく論じてこなかったわけではない。しかし、そのほとんどは、抽象的な（メタ）レベルの議論に終始している。これらの議論をレヴューし、またロールズの研究を題材にしながらこの問題を具体的な形で論証した研究として、上原賢司・河野勝「事実の取捨選択と規範理論――ロールズ正義論における〈国内／国外〉区分の理想化問題」河野勝編『新しい政治経済学の胎動――社会科学の知の再編へ』（勁草書房、二〇一三年）を参照していただきたい。

5 ベイカー論文は、Andy Baker, “Race, Paternalism, and Foreign Aid: Evidence from U.S. Public Opinion,” *American Political Science Review* 109 (2015), pp.93-109。パックストンとナックの論文は、Pamela Paxton and Stephen Knack, “Individual and Country Level Factors Affecting Support for Foreign Aid,” *International Political Science Review* 33 (2012), pp.171-192。

6 Deborah A. Small, George Loewenstein, and Paul Slovic, “Sympathy and Callousness: The Impact of Deliberative Thought on Donations to Identifiable and Statistical Victims,” *Organizational Behavior and Human Decision Processes* 102 (2007), pp.143-153. 心理学では、この論文と整合的な実験結果が、他にも数多く報告されている。

7 解説が煩雑になるので本文では触れないが、「特定化」については、重大な方法論的問題として、その効果を他の要因の影響が混ざりこまないように検証することが非常に難しいということが指摘されなければならない。たとえば、前記の実験におけるロキアの紹介は、その人物が黒人であり、女性であり、七歳であり……というように、人種、ジェンダー、年齢などさまざまな属性カテゴリーにわたる情報を含むものである。したがって、この実験デザインでは、特定化そのものの効果に加えて、彼女の属性の一つ一つが及ぼしている（かもしれない）影響が混入した刺激が与えられている。

8 C. Daniel Batson, Tricia R. Klein, Lori Highberger, and Laura L. Shaw, “Immorality from Empathy-Induced Altruism: When Compassion and Justice Conflict,” *Journal of Personality and Social Psychology* 68, (1995) pp.1042-1054.

9 この調査は、筆者が主宰した研究プロジェクト「日本人の外交に関する選好形成メカニズムの研究」で二〇一一年十月から二〇一三年九月まで毎月行ったウェブ調査の中の二一回目の調査にあたる。各月の回答者は、継続的に調査に参加したパネルサンプルが約三分の一と各月ごとに新たに抽出されたフレッシュサンプルが約三分の二とで構成されているが、以下の表では二つのサンプルを分けず、両方の回答を集計して表示している。

10 このサーベイ実験は、註9で紹介した連続ウェブ調査の九回目と一五回目の調査に組み込まれた。パネルサンプルは、一三回目に新しく抽出し直したので、九回目と一五回の回答者に重複はない。

11　このサーベイ実験で用いたすべての写真は、筆者の所属する早稲田大学との契約のもとで学術論文に利用することが許可されているAFP World Academic Archiveの中から選んだ。ここではモノカラーで印刷されているが、被験者が実際に見た写真はカラー写真であった。

Ⅳ　民主主義と自由を考え直すための三つのエッセイ

第Ⅳ部は、自由、憲法、正義、民主主義といった、現代の政治の基盤をなす中核的な諸概念を、筆者なりに論じた三つのエッセイ（二つの論考と一つの付録）で構成される。これらはすべて、もともとは『中央公論』誌上に発表した小文である。再録するにあたっては、文章の流れを尊重して（整合的でなくなるが）その時々で使っていた一人称の呼称をそのまま踏襲することにし、第八章では「僕」、第九章では「筆者」、付録では「われわれ」とさせていただいた。

いま思えば、ここに収められているのは、重大な政治事件や政治現象に呼応する形で、それぞれについて筆者が感じた怒りや憤りを背景にして書かれた三つの文章である。そうした怒りや憤りは、たとえば立憲主義という言葉を「知らない」と公言しながら憲法改正草案を平気で作ってしまう政治家や、原発の再稼働は「政府が決めるもの」と頭から信じて疑うこともなく発言していた（元）官僚などに向けられた。そのほかにも、怒りや憤りは、政治についてマスメディアなどで「専門家」を称する人たちが学術的見地からすれば明らかに的外れな解説を滔々と述べている時にも感じた。政治について誤った理解が拡散しないよう、それらを正していくことは、プロの研究者としての役割であると自負し、これらのエッセイが書かれたのである。

根本に立ち返り、自明と信じられていることを疑い、簡単に答えを出せるという思い込みから脱しなければ、自由、憲法、正義、民主主義などといった壮大なテーマについて考えることはできない。このことが少しでも読者に伝わればと願っている。

なお、最後の付録だけ他の章と体裁が異なるのは、文章の中に組み込んだ仕掛けのため、もとの『中央公論』掲載時の体裁に合わせた形をとらなければならなかったからである。この仕掛けについては、発表してすぐにいくつかの新聞に取り上げてもらい、すでに「ネタバレ」しているが、まだ目にしたことのない読者のために、そのままにさせていただいたことを、ここでお断りする。

第八章　正しい民主主義とは

正しい民主主義とは何か。民主主義を正しく実践するとは、どういうことを意味するのか。本エッセイでは、この深遠かつ壮大な問いを考えてみたい。

僕がこのような問題提起をするのは、昨今の日本政治では、まさに正しい民主主義についての問いが、次から次へと投げかけられているように思えてならないからである。ところが、残念なことに、そうした重要な問いかけを、僕らはまだうまく受けとめられていない、とも思う。

たとえば、消費増税。民主党の野田佳彦政権は、有権者との大切な「契約」であるマニフェストの中に言及がないにもかかわらず（もしくはマニフェストによって含意されていることに反して）、野党と協力してまで、それを推進した。

あるいは、原発再稼働。あれだけの事故を福島で経験したのに、主権者である国民には、原発やエネルギー政策について自らの意思を表明したり意見を集約したりする機会がついに与えられなかった。

そして、「民意」をふりかざす政治家たちの氾濫。二〇〇九年に政権交代を実現した民主党は「民意」をさかんにアピールしたが、皮肉にも、その民主党が試みた普天間米軍基地移設の候補地となった自治体の市長や町長も「民意」を盾にして抵抗した。いまや、行政上の一区画の長でしかない首長が「民意」という言葉をためらいなく発することは、まったく珍しくなくなった……。

僕（ら）は、こうした現象の一つ一つを、心のどこかで「うさんくさい」と感じている。しかし、その一方で、なぜそう感じるのかについては、あまり体系だった整理がこれまでなされてこなかったように思う。

はたして、消費増税のマニフェスト違反と、国民不在のまま原発再稼働が決定されたこととは、民主主義の理念に反するという意味で同じカテゴリーに入る問題と考えてよいのか。そもそも民意とは何か。それは民主主義政治を正当化するに足るものなのか。もし民意なるものさえ根拠として不安定であるとすると、僕らは民主主義を支える正義をどこに求めればよいのか。

以下では、これらについての現時点での僕の考えを提示していく。

自己完結しない民主主義

民主主義は、政治システムとして自己完結しない。もっといえば、民主主義は、何らかの非民主主義的な要素に支えられない限り、成立することがない。このなんとも理屈っぽい、そして逆説めいた命題を、考えることからはじめたい。

話を具体的に進めるために、次のような架空の例を想い浮かべよう（ここで描写するのはあくまで一つの仮想状況にすぎないけれども、それが現実の再稼働問題と直結した話であることは、容易に想像できると思う）。

仮に、将来日本のどこかの町で、新しく原子力発電所を誘致し建設する提案がもちあがったとする。そして、その町では住民投票を実施し、その結果として明らかにされる「民意」に基づいて、この誘致の是非を決めることにしたとする。原発ができれば、町の活性化にプラスとなる経済効果が期待できる。しかし、原発の安全性への懸念は、その将来の時点でも、まだ完全に払拭されていなかったとする。かくして、この提案に対しては、当然賛成と反対のそれぞれの立場がありうる。そうした中にあって、この重大な政治的決定を住民投票に委ねることは、一見したところ、この上なく民主主義的であり、また手続きとして正しいことのように思える。

しかし、ここには一つの前提がある。それは、その住民投票に参加できる権利をもつ者が、その町の住民に限られている、という前提である。

この前提そのものには、まったく民主主義的根拠がない。

たしかに、町から何百キロと離れた他の都市に住む人々にも、この町の住民と同じ一票を与えてこの原発誘致について投票する権利を付与せよ、という主張を展開しても、多くの賛同は得られないかもしれない。しかし、僕らの直観は、少なくともその町に隣接する自治体の人々には、自らの意思を表明する権利が与えられるべきではないか、と囁きかける。彼らもこの原発誘致の是非に大きな利害関係をもっていることは、十分に想像される。もし原発事故が起こったとしたら、風向きや地形によっては、それら近接の市町村でも甚大な被害が出る可能性がある。

二〇一一年に福島で実際に起こってしまった原発事故では、まさにこの可能性が現実となった。事故によって発生した放射能汚染による被害は、原発の立地自治体をはるかに超え、風評被害をも含めれば、きわめて広範囲にわたって拡散した。これは、とりもなおさず、原発の建設――再稼働といいかえてもよい

――に利害をもつ「地元」なるものを線引きすること、つまり住民投票を行うという場合の「住民」とは誰なのかを定義することがきわめて難しい、ということを示唆している。

こうした指摘に対しては、次のような反論がしばしばなされる。「どこかで線引きし行政単位を確定しなければ、地方自治の原則は成立しないし、そもそも参加型民主主義が機能しないではないか」と。その通りである。

しかし、そのような線引きは、実践的な配慮に基づくものであって、断じて民主主義的ではない。もし線引きを民主主義的に行おうとすると、どういうことになるか。それは「住民投票に参加する権利をもつ住民とは誰を指すのか」をめぐる投票を事前に行って決める、ということになるはずである。ところが、そのような事前の投票に参加する権利をもつ人が誰なのかは、もう一つ前の投票によってしか決められない。その投票は、さらにまた一つ前の投票によって……（無限に続く）……となり、このプロセスは無限後退を余儀なくされる。つまり、民意なるものをどこまでも当てにしようとすると、民主主義は決定不能に陥らざるをえないのである。

この問題は「住民」を「国民」と置き換えても、まったく同じように生じる。僕らは、民主主義に則り、たとえば憲法や国籍法といった法律を制定して、誰が国民であるかを定義することはできる。しかし、その逆、すなわち国民なる集団があらかじめ正当に輪郭づけされ、それが民主主義を選択するということは、論理的にはありえない。

歴史を振り返ると、おそらく後者のシナリオに最も近い形で国家を建設したのはアメリカであろう。イギリスの圧政から逃れ、新天地に行こうと決意した人たちが集まり、自らが望む国家社会を建設しようとしてできたのがアメリカ合衆国だったからである。そして、その国家が誕生したときに制定された連邦憲法には、こう書いてある。

われら合衆国の人民は、より完全な連邦を形成し、正義を樹立し、国内の平穏を保障し、共同の防衛に備え、一般の福祉を増進し、われらとわれらの子孫のうえに自由のもたらす恵沢を確保する目的をもって、アメリカ合衆国のために、この憲法を制定する。

ここには、あたかもあらかじめ輪郭づけられた人々の集団が存在し、彼らが国家の形を選択しているという順で、国家建設が描かれている。しかし、この「われら合衆国人民（We the people...）」という言葉が発せられたとき、黒人の奴隷や先住民たちがまったく念頭におかれていなかったという事実は、消し去ることができない。周知の通り、アメリカ合衆国は以後ずっと、この「原罪」と格闘することになる。かのアメリカにおいてさえ、その民主主義国家が誕生した瞬間において、あらかじめ正当に輪郭づけられた「国民」なるものは存在しなかったのである。

民主主義そのものは、民主主義的に正しい根拠をもたない。

これは、逆説めいているが、動かしがたい真の命題である。僕らは思索の出発点として、この命題を受け入れるところからはじめなければならない。ゆえに、民主主義を、民意を振りかざしさえすればその正統性が担保されるシステムだと考えるのは誤っている。僕らが本当に考えなければならないのは、そもそも民主主義を成り立たせる正義をどう構築するかという、いってみれば民主主義の論理を超える構想なのである。

民主主義を選ぶという視点

民主主義の根拠がちっとも安定的でないということに気づき、それを受け入れると、民主主義を相対化してみるという視点が開ける。民主主義を非民主主義と比べる、という意味ではない。ある一つの民主主義の理念型と、もう一つの民主主義の理念型とのあいだでの相対化、という意味である。それは、どちらの民主主義を選ぶかという、まさに民主主義の論理を超えたところでしか解決されない、厄介な問題を提起する。

順序だって、説明していこう。

僕が専門とする政治学という学問の「常識」によると、民主主義という政治体制の最も重要な特徴は、決められたルールに従って選挙が定期的に実施されていることである。もちろん、大統領制か議院内閣制か、あるいは選挙のルールとして比例代表制を採用するか小選挙区制を採用するかといったバリエーションは、種々ありうる。ただ、類としての民主主義をそれ以外の体制から区別する基準が制度化された選挙であるとする見方は、広く受け入れられていると思う。

ところが、この「常識」は、政治学のもう一つの「常識」と実に奇妙な、そして興味深い、緊張関係にある。それは、今日われわれが民主主義として思い浮かべる政治体制の原点が、古代ギリシャの都市国家に点在した直接民主制政治にさかのぼるという、これまた広く受け入れられている見解である。もしすべての有権者がすべての政治的意思決定に関わるという理想的なシステムが実現していれば、当然のことながら、「代表」を選ぶ必要はない。つまり、そのようなシステムは、制度としての選挙と、本来まったく無縁なはずである。

民主主義の「典型」として描かれる二つの理念型のあいだに存する緊張関係を、どう解きほぐしていくのか。その最も単純で強引な対処の方法は、後者の直接民主制をまったく無視するか、もしくはそれを単なる歴史上の参照例でしかないとして、この緊張関係を問題としないという立場をとる方法であろう。つまり、間接民主制だけが「現実にありうる民主主義の唯一の形態である」という前提を受け入れる。そうすると、選挙を何より重視する第一の「常識」だけがまかり通ることになる。

しかし、理論的にも、また現実政治のあり方としても、そのような前提を無条件に受け入れるわけにはいかない。実際、日本を含めて、現代のほとんどすべての民主主義国家では、たしかに日常的には間接民主制が採用されているけれども、重要な政治的決定を国民や住民の直接投票に委ねるということも、しばしば行われているからである。

逆に、われわれには、ふだんから、あるいは少なくとも潜在的には、どの民主主義国家においても直接民主制と間接民主制という二つの選択肢が与えられている、と理解すべきであろう。そして、われわれは、その二つの選択肢から選択することを、さまざまな場面で強いられているのである。

ということは、どういうことか。僕らがある現象に遭遇し、それを民主主義の理念に反するかのような「うさんくさい」現象だと感じるとすると、そうした現象には、日常的な間接民主制を想定する枠内にとどまりながらそう感じている場合と、直接民主制をも選択肢として勘案した上でそう感じている場合との、二つの可能性があるということを意味する。この二種のケースは、異なるカテゴリーに属する問題であって、それらを混同してはならない。

そこで、冒頭で紹介したいくつかの例に戻ろう。マニフェストに反して民主党野田政権が消費増税を推進したことを反民主主義的だと感じたとすれば、それは、今日の日本ではマニフェストが選挙システムの一端を担っていると認識されているからである。つまり、間接民主制のもとで、有権者との約束もなく大きな政策変更が行われることに対する違和感や反撥である。しかし、この問題と、原発再稼働の決定過程で国民が自ら判断する機会が与えられなかったという問題とを、同一のレベルで捉えることは誤りである。国民不在で原発再稼働が決定されたことを「うさんくさい」と感じることがあったとするなら、それは間接民主制の手続きに瑕疵があったからではない。それは、そもそも間接民主制か直接民主制かを選択する機会、つまりどちらの理念型の民主主義で決めるかを議論し考える機会を剝奪されたことに起因している。

実は、僕は、福島で起こった事故以来、日本の原発とエネルギー政策に関しては、国民による直接投票で決めるべきだという意見をもち、テレビに出演した際、あるいは自分のブログなどを通して、そう訴えた。その理由は、原発の存廃についての意思決定とは、その影響が現世代にとどまらず次世代にも及ぶかもしれないという意味で、単に政策の問題ではなく、モラルの問題、すなわち僕ら一人一人が自分の胸に手をあてて決すべき問題でもあると考えたからである。もっともここでの行論上、なぜ僕が国民投票を支持したかという理由はさして重要ではない。

僕がここで指摘したいのは、国民投票などする必要はないと主張した側の人たちが、哲学用語でいうところの「カテゴリー錯誤」に陥っていたという点である。というのは、現実問題として大飯原発の再稼働が政治の大きな焦点として浮上したとき、僕のまわりには「民主主義のもとでは政府が最終的に政策を決めるのが当たり前だ」ということを（当たり前のように）主張する人々が、少なからずいたからである。

率直にいって、僕はこの反応に驚き、また呆れた。設定されている問いが「政府が決定すべきか、国民投票の手続きに委ねるべきか」という問いであるのに、それに対する答えを民主主義の論理の内部に求めることはできない。なぜなら、この問いは、どちらも民主主義である二つの選択肢、すなわち間接民主制と直接民主制とのあいだでどちらを選ぶべきかを問うているものだからである。しかるに、このように設定された問いに対して、「民主主義のもとでは……」という理由を挙げて自らの解答の根拠とすることは、論理的に破綻している。まさに、カテゴリー錯誤に陥っていたとしか、考えられないのである。

「政府か、国民投票か」、もっといえば「どういう状況においては政府が決定すべきで、どういう状況においては国民（住民）投票に委ねられるべきか」という問題に答えるためには、間接民主制だけが民主主義としてありうる唯一の形態であるというマインドセットから抜け出なければならない。いや、それだけではない。実は重要なのはその先であって、僕らに求められているのが（繰り返すが）民主主義そのものを超える構想だという自覚なのである。なぜなら、そのような構想は、民主主義の外部に立つ視点から、異なる民主主義の形を評価し比較考量するために求められるからである。

J・マディソンの構想とその限界

直接民主制と間接民主制の相対的メリットについて、僕らはどう考えていけばよいのか。

この問いについて、これまで日本においてなされてきた議論は、残念ながら、そのほとんどが効率性の議論に尽きているように思う。効率性という基準だけに沿うと、間接民主制に軍配が上がることは目に見えている。現代においては、すべての政治の意思決定を国民や住民の直接投票で決めていくことは、不可能である。少数の代表を選び、その代表たちによって構成される議会や執政府が政策を実行する間接民主制のほうが、間違いなくはるかに効率的である。

しかし、効率性だけに依拠して間接民主制を選択することは、どこかしらうしろめたい。それは、効率性という基準が、間接民主制を選択する消極的な理由しか提供しないからだと、僕は思う。本来だったら、あるいは理想の姿としては、直接民主制がベストであるのに、現実には困難であるがゆえに、間接民主制がいわばセカンドベストとして選ばれている。そんな事情ないし本音が、そこに見え隠れする。

実際、このうしろめたさの感覚は、間接民主制が誕生した原初の時点から今日に至るまで、ずっと間接民主制の制度そのものに刻印されてきた。世界で初めて国家統治システムとして間接民主制を採用したのは、アメリカである。(旧)一三州が連邦憲法を承認しアメリカ合衆国として生まれ変わった際、その憲法には一〇年ごとに「センサス」(日本でいうところの国勢調査)を実施して、選出されるべき代表の数を各州の人口比に応じて配分することが明記された。この瞬間に、人類史上初めて、国民の数を正確に数えあげて把握する作業が国家のなすべき作業として制度化された。そして、そのような制度が導入されたのは、選ばれてくる代表は社会の「縮図(miniature)」(J・アダムズ)あるいは「写し(transcript)」(J・ウィルソン)でなければならないという確信が、その背景にあったからにほかならない。アメリカ建国の父たちは、間接民主制を、本来であれば直接表明されるべき国民の意思を汲み上げるための代替的システムと位置づけていたのである。

時代をずっと下り、現代においても、選ばれる代表が国民全体を反映する鏡であるべきだとする考えは、ほとんどそのまま残っているといってよい。それは、今日の日本においても当てはまる。

たとえば、いま日本で、被選挙権の一部に、大卒以上であること、あるいはIQが高いことといった要件を付け加える提案がなされたならば、国民の大多数はそれに反対すると思う。特定の地域に住む人々の意見がより大きなウェイトを占めるという現象、すなわち「一票の格差」が民主主義にとって問題であるという感覚も、まったく同根から発している。政治を専門とする研究者のあいだでは、選挙のルールとして、いわゆる「比例代表制」のほうが「小選挙区制」に比べてより公平であるという議論が根強いが、この議論も、代表の選出はなるべく社会の構成に比例した形で行われるべきだという考えに基づいている。これらの態度や議論には、代表選出の必要性を認めつつも、間接民主制を採用していることへのうしろめたさが滲み出ている。

では、間接民主制を選択すべき、積極的な理由はないのか。まさにそうした理由を、周到な論理展開によって提供したのは、アメリカ建国の父の中でもとりわけ政治思想家として評価が高い、J・マディソンである。彼の議論が説得力をもつならば、民主主義の選択という厄介な問題を回避できるかもしれない。しかし、僕には、マディソンの議論にも限界があると思える。以下、やや遠回りをするようだが、まず彼の議論を敷衍し、その意義を再確認するところからはじめたい。

マディソンは、その名高い「ザ・フェデラリスト」第一〇篇という文章の中で、理想的な民主主義とは小規模の直接民主制でしか実現できないとする十八世紀の通説に対し、間接民主制を採用し国家の規模を拡大することのメリットを論じた。この文章は、「うまく設計された国家《ユニオン》」がもたらす大きな利点の一つが「派閥による暴力を打破し、これを抑制する」ことにあるという一節ではじまる。マディソンが「派閥の弊害」を憂うとき、派閥とは「党派」や「特定の利害」といったほどの意味であるが、彼は派閥そのものを除去することは国家の活力を低下することになり、好ましくないと考えた。そこで、マディソンは派閥の「原因」をなくすのではなく、派閥が引き起こす悪い「効果」に対処すべきであると論を進める。そして、彼は、国家の規模の拡大が、派閥の弊害を抑えると主張する。

なぜか。ある特定の派閥は、小さな領域の中で多数派の地位を握ることはありえても、拡大された領土において単独で多数派を形成することはまずありえない。大きな領土においてある派閥が多数派になろうとすれば、必然的に、その派閥は他の派閥との何らかの連携を模索することが必要となり、そこでは妥協や調整が図られ、自ずと派閥が自らの利益だけをゴリ押しするようなことができなくなるからである（図8－1参照）。ここに、派閥の弊害を防ぐメカニズムが見出される。

領域を拡大し、党派や利益群をさらに多様化させれば、全体中の多数者が他の市民の権利を侵害しようとする共通の動機をもつ可能性は少なくなろう。（中略）仮にそのような共通の動機が存在しても、それを共有する人びとすべてが、自身の強力さを自覚し、互いに団結して行動することは、より困難になるであろう。（『ザ・フェデラリスト』岩波文庫。ただし、訳文は原典をふまえて多少修正した）

図8－1　国家の拡大と派閥の弊害

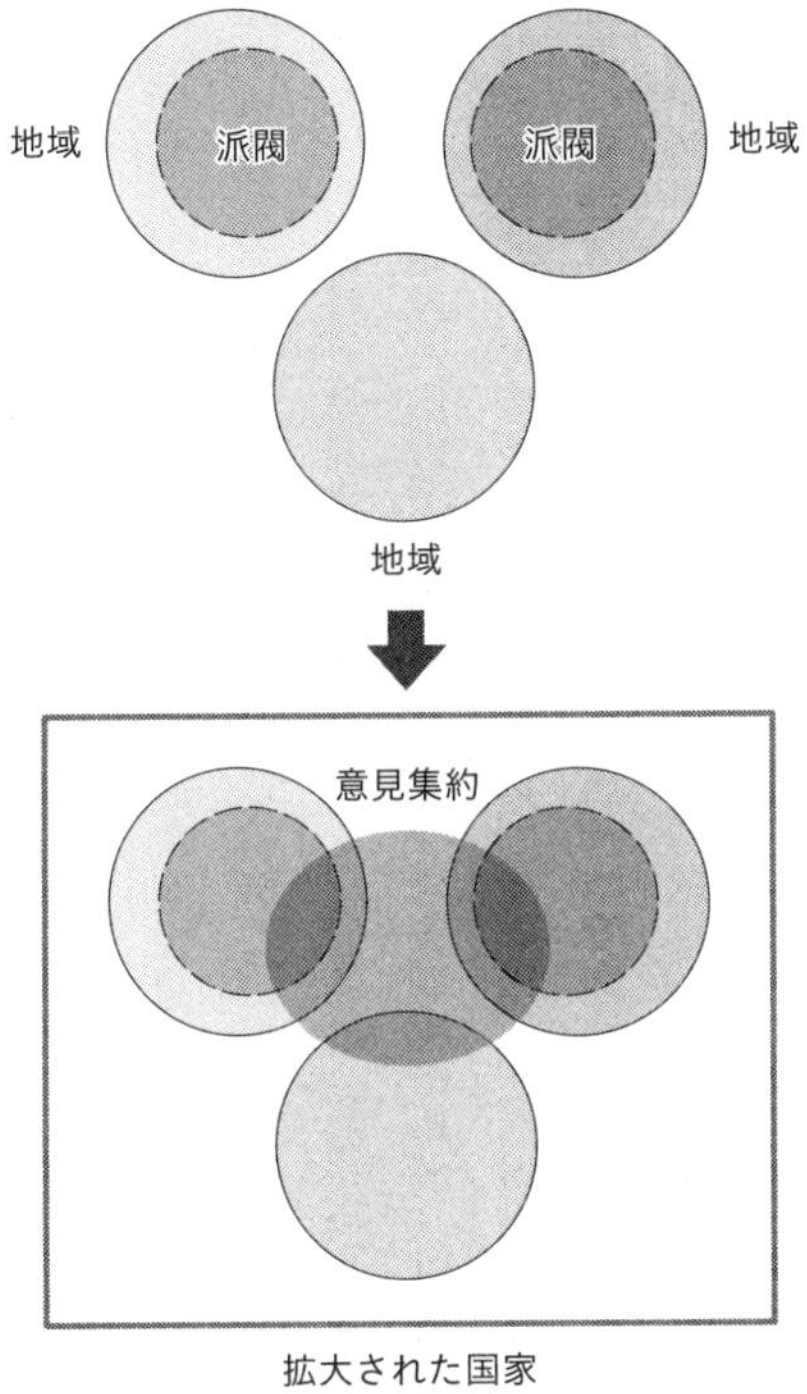

マディソンの議論は、ともすると、間接民主制の「意見集約」の機能を強調しているだけではないか、と誤解される。意見を集約するというだけでは、効率性のメリットを超えるものでなく、そこに目新しさはない。しかし、マディソンは、間接民主制を通して国家規模を拡大することが、意見集約をいわば強制するメカニズムを生み、それによって個別利益に根ざした派閥間の政治的対立の解消が促されると考えたのである。それは、意見の違いを乗り越え、よりよい政治が実現される契機を提供する。この意味で、マディソンの議論は、（国家を拡大して）間接民主制を積極的に支持する理由を提供したのである。

僕は、マディソンを尊敬してやまない。そして、この有名な「ザ・フェデラリスト」第一〇篇の議論に対して、正面きって異を唱えるつもりはない。ただ、次のような（またしても、なんとも理屈っぽく、逆説的な）留保を付け加えたいとだけ、思う。マディソンが想定しているのは、（アメリカ国家建設の経緯が実際そうだったように）あらかじめ行政区画の仕切られた領域が次々と付け加えられるようにして拡大していく過程である。だとすると、マディソンの議論も、やはり非民主主義的な線引き（州であれ、カウンティであれ）を前提にしなければ成立しない議論だ、ということになるのではないか。個別利益に根ざした対立の「解消」がよりよい政治の実現というポジティヴな効果を生むとみなせるためには、そもそも個別利益に根ざした派閥が群雄割拠しているネガティヴな状態が事前に存在することが想定されなければならない。しかし、そうした群雄割拠状態は、そのもともとの行政区画が民主主義的に正当な根拠をもつことなくあらかじめ決定されたからこそ、発生しているのではないか。

もちろん、だからといって行政区画を全廃すべきだ、ということにはならない。マディソンの議論をそのような議論に置き換えてしまっては、その意義が失われてしまう。たとえば、極端な想定として、国家全体を一つの「全国区」とみなし、比例代表制のような選挙ルールに従って代表を選ぶとしよう。すると、もしその全国区の中で派閥対立が起こった場合、マディソンのメカニズムに従ってそれを解消することはできない。なぜなら、そこには対抗させるべき他の地域が存在しないからである。裏返していえば、マディソンが想定しているメカニズムは、小選挙区制の選挙区のように、多数の個別に分断された行政単位が足し合わさって国家を形成しているからこそ機能する。それはすなわち、そのような行政単位が事前に確定されていることを前提として受け入れることを意味する。しかし、繰り返すが、その行政単位の確定が民主主義的な正統性をもつことはありえないのである。

かくして、めぐりめぐって、あのなんとも厄介な命題に戻ってくる。民主主義は、政治システムとして自己完結することはありえないのである、と。僕らは、依然として、民主主義をどのように正しく構築していくかという大きな課題の前で、立ち尽くしているのである。

結語

正しい民主主義とは何か。

本エッセイで、僕はこの問いを発し、その問いをどのように考えるべきかについて、若干の示唆を提示しただけで、その問いに答えを出すことはしなかった。当たり前である。このような深遠かつ壮大な問題に、早急に解答など与えられるわけがない。

たとえば、一時期流行した「決められる民主主義」という言葉。もちろん「正しく決められる民主主義」なるものがあれば、それに越したことはない。しかし「いかに正しく決めるか」ということが問われなければ、「決められる民主主義」がどのような構想であっても、それには意味がないと僕には思えてしまう。

民主主義も、そして正義も、僕よりも格段に優秀な哲学者や政治思想家たちが何百年ものあいだ考え続けてきた、難しい問題である。そのような問題に対して、魔術のように一瞬にして答えが見出されるとすれば、それはまさしく魔術でしかない。もちろん魔術には何らかの仕掛けがあるのであって、そんなものに騙されてはならない。

第九章　なぜ憲法か

憲法とは何か。

民主主義国家にとって憲法なる文書を起草し、それを政治の中心に据えることには、どのような意味があるのか。

憲法を、選挙や立法といった通常の民主主義プロセスを超越するものとして捉える考え方は、「憲法主義（constitutionalism）」と呼ばれる。憲法主義は、民主主義がそうであるように、近代以降に確立された一つの政治理念である。しかし、それはまた、多数決を意思決定の基本とする民主主義と対立するイデオロギーでもある。[註1]

不幸なことに、このことは、今日の日本において正しく理解されているとはいえない。われわれは、戦後の劣悪な社会科（公民）教育の中で、小学校から一貫して、日本国憲法は「民主主義憲法」であると教えられる。ゆえに、民主主義国家が憲法をもつことを当然だと考えたり、憲法こそが民主主義という政治体制を保障するものだと思い込んでいる人が多い。

しかし、これらは誤った認識である。

筆者は、憲法改正について論じることがタブーでなくなり、政党や各種団体の改正試案が世に問われるようになった今日、われわれが擁護しなければならないのは、憲法が体現すべき個々の政治的価値ではなく、憲法主義という理念そのものであると考える。実は、憲法主義の立場からすると日本国憲法にはいくつかの重大な欠陥があり、それゆえ筆者は、現行憲法は改正されるべきであると考えている。しかし、憲法改正をめぐってこれまで提出されてきた意見や提案の中には、憲法主義に明らかに反する、看過できない立論が多く含まれている。このエッセイでは、こうした点を指摘するとともに、これまでの論争において欠落してきた、より根源的、理念的な観点からの問題提起を行ってみたい。

憲法と法律との断絶

憲法主義の出発点には、憲法とそれ以外の法律との根本的な違いについての認識がある。[註2] ただ、十八世紀末にアメリカの連邦憲法を起草した偉大な憲法主義者J・マディソンは、「この重要な区別は、アメリカ以外の国ではほとんど理解されていないし、遵守されていない」（『ザ・フェデラリスト』第五三篇）、と当時述べている。[註3] それから実に二〇〇年以上もの歳月が経過したが、残念ながら、現代の日本においても、憲法と法律とのあいだの断絶は、一般に正しく理解されているとはいえない。

身近な話からはじめよう。筆者の学生たちに、憲法とは何かと訊ねると、憲法とは国家の最高法規だという答えが決まり文句のように返ってくる。実際、日本の場合、憲法は最高法規であると憲法自体に明記されている。

しかし、世界の他の国々を見渡しても、そのような趣旨の条項が含まれている憲法は多くない。アメリカの連邦憲法には同様の規定があるが、それは連邦憲法が起草された当時、一三州（邦）が独立した国家としてそれぞれすでに憲法をもっていたという特殊な事情に起因する。つまり、マディソンらが最高法規条項を挿入したのは、連邦憲法と州憲法とのあいだの上下関係をはっきりさせる必要があったからである。

筆者は、連邦制を採用していない日本において、憲法を国家の最高法規として捉えること、ましてやそれを憲法自体に明記することは、憲法主義の立場からして好ましくないと考えている。というのは、そうした捉え方では、憲法を頂点とするハイラーキカルな国家の法体系をイメージさせ、憲法と他の法律とのあいだに引かれるべき一線がむしろ曖昧になってしまうからである。実際、後述するように、この線引きが明確に認識されていないことによって、日本の憲法改正論争には重大な混乱が引き起こされているともいえるのである。

では、憲法と法律との違いは何か。それは、端的にいえば、法律とは、治める者が治められる者に対して何をしてよいか（あるいは治められる者同士のあいだで何をしてよいか）を定める文書であるのに対して、憲法とは、治める側に対して彼らが何をしてよいかを治められる側が定める文書だ、という点にある。たとえば、思想や表現の自由に関する憲法の条文は、治める者が治められる者の自由を奪うことがあってはならないという趣旨で設けられる規定である。同様に、法の下の平等とは、治める者が治められる者を平等に扱わなければならない、ということを意味している。

憲法主義が強調する憲法と法律との断絶の構図は、国家の法体系をハイラーキカルに描くイメージとは決定的に異なる。法律が治められる側を制約するのに対して、憲法は治める側を拘束しているのであるから、憲法は法律の頂点にあるのではなく、法律の対極に位置する、と捉えなければならない。だからこそ、法律は「政府によって制定されしかも政府によって改正されうる」が、憲法は「人民により制定され政府によっては改正できない」（マディソン）のである。

さて、日本における最近の憲法改正に関わる議論では、憲法と法律との根本的な違いが正しく認識されていないがゆえに、混乱した主張が展開されている。筆者は、そのような混乱の中で、憲法主義の理念がないがしろにされていると懸念している。ここでは、そのような事態が進行しつつあることを示す一例を紹介しておきたい。

日本国憲法は、戦争や内乱などにより自由権や財産権などの国民の基本的権利が保障されない緊急事態が起こることを想定していない。そうした状況下での、いわゆる「憲法の停止」を定めた条項がないことは、現行憲法の一つの重大な欠陥である。

この点をめぐり、改憲に慎重な人々の中には、緊急事態といえども憲法が停止する可能性を認めることに消極的な者が多い。彼らは、停止条項を設けると、権力者たちがそれを濫用することにつながるとして、反対を唱えているのである。

しかし、憲法主義の立場からすると、この反対論は誤っている。なぜなら、停止条項を憲法の中に設ける目的は、そのような停止が一時的であり、緊急事態が消滅したときには解除され原状へ復帰することを、あらかじめ明示的に宣言することにあるからである。そして当然のことながらそうした条項は、憲法が停止しているあいだに憲法が改正されてはならないことを明確にすべきである。逆に、もし停止条項を含まない憲法が起草されたならば、どうなるか。その場合、国民の基本的な諸権利、すなわち治める者が治められる者に何をしてよいかに関しての制約が一般の法律によって規定されることになりかねない。憲法と異なり、法律はその時々に権力を掌握する者たちによって、次々に書き換えられる。この後者のシナリオのほうが、権力の濫用を招く危険性という点からすれば、はるかに深刻である。より憂慮すべきは、一部の政治家や安全保障の専門家を自称する者たちが、この後者のシナリオを堂々と弁護しているということ、そして一時期そのような立法を目指す動きさえあったということである。しかし、憲法を改正せずとも「国家危機管理法」などという立法措置を講じ対処する態勢を整えるべきだという見解は、憲法とは単に法律の延長上にある文書にすぎず、その間の断絶はいとも簡単に乗り越えられると思い込んでいる点で、きわめて反憲法主義的だといわねばならない。[註4]

民主主義と憲法主義の対立

民主主義とは、独裁者や専制君主など一握りの権力者が大多数の国民の意思を踏みにじって政治的決定を下すのを排除することを理想としている。その点で、民主主義とは、少数派の暴挙から多数派を守る制度を構築しようとする政治理念である。これに対して、憲法主義は、いくつかの重要な政治的決定を、多数派といえども簡単には変更できない憲法にあらかじめ委ねてしまうという点で、少数派を多数派の暴挙から守る制度のための政治理念だといえる。民主主義も、憲法主義も、ともに権力を握る者たちの暴挙に対抗するために、人類が長い歴史の中で考え出した英知であるが、このように、この二つの政治理念は本質的に逆の方向を向いている。

日本では、すでに述べたように戦後教育の中で憲法と民主主義との不可分性ばかりが強調されてきたこともあって、この両者のあいだにある根源的な緊張関係について、つきつめて考えられた経験がない。しかし、この二つのあいだの緊張関係を直視しないと、憲法改正の方向性は深刻な形で歪められてしまう。

よく知られているように、イギリスには、マグナカルタ以来積み重ねられてきた慣習法や判例の蓄積はあるが、統一的で成文化された憲法典が存在しない。成文憲法がない代わりに、イギリスでは、違憲立法審査を含めて、多数派議会がおよそすべての意思決定をする政治体制が長いあいだ確立されてきた。

このことは、イギリスにおいては、民主主義と憲法とどちらが大切かという根源的な問題について、一つの選択がなされたこと、すなわち憲法よりも民主主義が選び取られたことを意味する。逆にいえば、イギリスでは、アメリカの建国の父たちが追求したような憲法主義の理念は、実現されていない。マディソンはこう述べている。「イギリスにおいて(中略)議会の権限は通常の立法だけでなく憲法に対しても優越し制限されえないと主張されている。イギリス議会は、実際幾度となく、立法行為によって、統治のもっとも基本的な条項に変更を加えてきた」(『ザ・フェデラリスト』第五三篇)。

これに対して、戦後日本においては、民主主義と憲法とのあいだの究極の選択は、ずっと不問に付されてきたといってよい。実際、現行憲法自体、この選択を不可能にするような、矛盾に満ちた構成になっている。

最大の問題は、国会が「国権の最高機関である」とする第四十一条である。この条文は、イギリスのように、多数派の意思に基づく立法府がおよそすべての決定を行うことを宣言しているようにも解せる。しかし、成文憲法をもたないイギリスと異なり、日本ではそれを憲法の条文によって宣言しようとしているところが矛盾している。すなわち、ここでは、国会の「最高」性を(それ自体「最高法規」であることを宣言している)憲法によって導こうとしているのであり、これは論理的に矛盾している。

筆者の理解するところ、日本の憲法学者たちのあいだでは、国会を他の権力機関よりも上位に位置づけるかのようなこの文言が第四十一条にあるのは、国民主権の原則が欠落していた明治憲法に対して、現行憲法では民意を最もよく反映するのが国会であることをより明示的に表そうとしただけで、それほど実質的な意味があるわけではないという解釈が通説であるようだ。

しかし、この解釈は憲法主義の立場からすれば問題である。歴史を振り返れば、古今東西、権力を濫用する者は、いかなる制度であっても、その制度を自分の都合のよい解釈に引き寄せて理解しようとしてきたからである。第四十一条を単に国民主権を強調するための「リップサービス」のごときものと捉える解釈は、そうした権力濫用の潜在性に対してあまりに無自覚である。実際、前節で紹介したように、一部の論者たちは緊急事態における国民の基本的権利を憲法ではなく法律によって制限することが可能だなどと考えている。「国権の最高機関」という表現は、彼らにそうした主張を正当化するための格好の口実を与えるのである。

なぜ多数派も憲法を受け入れるのか

繰り返すが、憲法は治める側の手を縛るための文書である。ゆえに、民主主義のもとでは、通常（代表を選ぶ選挙制度などに極端な偏りがない限り）多数派が治める側の地位につくので、民主主義下の憲法とは、事実上、多数派を拘束する文書ということになる。

とすると、当然ながら、大きな疑問が浮かぶ。なぜそもそも多数派が憲法を受け入れることがありうるのか、と。意思決定の方法として多数決を貫き民主主義を推し進めれば、自らの手を縛る制約としての憲法はいずれ不利益なものとして多数派の前に立ちはだかることになるではないか、と。

筆者は、憲法（主義）こそ民主主義よりも優先されなければならないと主張するが、その根拠は、多数派といえども自らの手を縛る憲法を受け入れるべき理由があると考えるからである。ここで、受け入れるべき理由というのは、多数派が倫理や義務の念に駆られて、いやいやそうするといった意味での消極的な理由ではない。実は、多数派にとっても、民主主義のもとでも少数派を保護したり尊重したりすることが自らをも利することになると考えるような、より積極的な理由がいくつか存在するのである。

まず第一に、どのような多数派も、自らの多数派としての立場が、将来にわたって永久に不変であると考えることはできない。流動する社会においては、多数派と少数派の地位は、当然入れ替わることがありうる。だとすれば、現在の多数派といえども、将来自らが少数派になったとき、その権利が確保されていないことを不利益と判断するであろう。

第二に、ある個人が、社会の中で、すべての次元にわたって多数派である可能性はきわめて低い。身体に障碍をもっていないという点では社会の多数派の側に属する人であっても、同性愛者であったり、きわめて少数の信者しかいない宗教を信仰している人であったりすることもある。また、自分自身に障碍がなくても、自分の子供が障碍をもっているならば、その人は社会の中では「身内に障碍者をもつ」という少数派グループに属することになる。いうまでもなく、社会の構成が多元的であることは、現代では不可避である。そして、社会が複雑であればあるほど、多数派と少数派との立場は入り組んだものとなり、そうした中ではそもそも誰が多数派であるのかが一概には自明でなくなる。

第三に、統治者としての多数派は、自らの決定が社会の秩序や安定にどう影響を与えるかをつねに考えなければならない。多数派は、少数派がその社会を飛び出して外的脅威と化したり、その社会の中での暴力分子と化したりするまで、少数派を追い詰めることは得策ではないと判断するであろう。少数派にも基本的な権利を付与し、彼らを力によって強制するのではなく、彼らが合法的に多数派の決定に協力するよう促す態勢を整えるほうが、はるかに効率的な統治ができるはずである。

第四に、多数派にとって、思想や表現の自由といった基本的権利を奪い少数派をないがしろにすると、実は民主主義そのものの自滅を導く可能性さえある。なぜなら、もしそうした権利を奪うことが許されるならば、多数派の中で意見の相違が出たときに、多数派の中の少数派の意見が封殺されることになる。それが繰り返されれば、多数派の中の多数派、さらにその中の多数派……というような淘汰の連鎖を導き、ひいてはごく少数の者が権力を掌握する事態を招きかねない。

つまり、たとえ民主主義を標榜しつつも、多数派でさえもそう簡単に変更することのできないルールをあらかじめ確立しておくことには、合理的理由が存在する。[註5] 逆にいえば、自らの手を縛る憲法の制約を謙虚に受け入れないと、多数派は自らの利害や存立基盤さえをも脅かされる可能性がある。まさにここに、憲法主義が優先されるべき根拠が存在するのである。

改正要件を緩めるべきではない

にもかかわらず、憲法改正を推進しようとする一部の政党や人々の議論では、この「多数派の謙虚さ」が見失われている。そのことを示唆する代表的な例は、現行の憲法改正要件を緩和すべきであるとの提案である。

筆者は、日本国憲法はさまざまな欠陥をもち改正されるべきであるとの意見をもっているが、現行の改正要件がその欠陥の一つであるとは考えていない。現行憲法第九十六条に規定されている改正のための二つの要件、すなわち国会議員（各議院の総議員）の三分の二以上の賛成と国民の過半数の賛成は、もしいずれ改正が実現し新しい憲法が起草されることになったとしても、堅持されるべき妥当な要件である。

まず、緩和論の一つとして、国民投票を改正要件からはずしてもかまわないとする主張があるが、これはきわめて反憲法主義的な主張だといわねばならない。議会のみで憲法が決められるのであれば、他の一般の法律と区別されるべき憲法という文書を国家がわざわざ起草する意味はない。

また、各院での（総議員の）三分の二以上の賛成というもう一つの要件についても、それを過半数に引き下げるべきであるとの主張がなされているが、これも容認しがたい。そもそも、現在の日本の選挙制度では国会議員たちは当該選挙区の選挙で有権者の三分の一強の得票があれば当選できることになっているので、議員の過半数の賛成による議決はたかだか国民の四分の一強の賛成を（間接的に）反映しているにすぎない可能性もある。そのような議決によって憲法改正に必要な国民の合意があるとみなすことはできない。また、しばしば、三分の二という要件は「（単純）多数決を意思決定の原則とする民主主義に反する」という議論がなされるが、本節で解説してきた通り、それこそまさに、民主主義という政治理念と憲法主義という政治理念とをとりちがえた議論の典型だといわねばならない。

憲法が多数派を拘束するためのものであるからには、改正要件が緩やかで多数派に属する人々が単に自らの意思のみで変更できる文書を憲法として起草する意味はない。憲法主義に対抗する政治的選択としては、イギリスのように、成文憲法をもたずに、多数決主義、議会主義、立法主義を貫く道もある。憲法改正の大義を民主主義に求めようとする改憲論者たちは、そのこと自体、民主主義と憲法主義とを混同しているのだということを思い知るべきである。それでもどうしても改正要件の緩和をしたければ、その提案をする前に、成文憲法をもたないというもう一つの選択肢を、まず国民に問うべきであろう。

前文に何を書くべきか

改憲推進派の議論に「多数派の謙虚さ」が見失われるようになったことを示すもう一つの例として、憲法改正にあたって、憲法の前文に日本の文化や日本人としてのアイデンティティについて言及すべきであるとする主張がなされていることもあげておきたい。

この主張も、憲法主義の理念とはかけ離れている。そもそも、日本の文化や日本人のアイデンティティが何であるかといった問題については、百家争鳴、さまざま解釈が成り立ちうる。少なくとも現時点において、文化やアイデンティティに関して、日本国民のあいだに合意があるとはいえない。合意がないまま憲法がそれについて言及するとすれば、それは多数派の解釈が、憲法を通して、そのような解釈に与しない少数派や「異端」者に押し付けられることを意味する。憲法を、そのような押し付けの具としてはならない。

ただし、筆者は、実は、まったく同じ観点から、現行憲法の前文についても批判的である。とくにその第二段落の「日本国民は……人間相互の関係を支配する崇高な理想を深く自覚する」、あるいは「平和を愛する諸国民の公正と信義に〔を〕信頼〔する〕」といった文言は、今日において必ずしも国民の合意を反映しているとはいえない。これらの表現は、戦後間もない時代に日本が国家としてそのようなアピールを対外的に発しなければならなかった政治的状況を引きずっている観があり、もし近い将来において憲法改正が実現された場合、それらは前文にとどめられるべきではない。

日本国憲法の現在の前文は、他国の憲法と比較してかなり長いが、憲法改正をめぐる議論の中では、そもそも憲法の前文（ないしはそれに相当する部分）の機能とは何かをあらためて問う必要があろう。憲法主義の立場からすると、そこに入れられるべきは、対外的というよりはむしろ国民に向けた対内的なアピールである。より具体的には、不可欠なメッセージは二つである。第一には、前文は「なぜ日本という国家が憲法を必要とするのか」を明らかにするものでなければならない。それは、憲法主義の理念を受け入れることを憲法自体が宣言するためである。第二に、前文は「この憲法が国民全体の合意に基づく憲法である」ことを明確にしなければならない。そう書くことによってはじめて、この憲法は、多数派さえもが自らの手が縛られることを同意の上で採択されたのだということを、明示的に確認することができるからである。

「行政権」という誤訳

多数派の権力濫用に抗するための政治理念である憲法主義は、具体的にはどのような統治の構造として、実現されるのであろうか。権力を制限するための原理として一般に知られているのは、権力「分立 separation」と「抑制均衡 check and balance」の二つである。しかし、残念ながら、日本では、憲法主義そのものがよく認識されていない上に、その理念を実現するためのこれら諸原理についての理解にも混乱がある。そして、そのことが、今日の憲法をめぐる論争の幅を狭めているといえる。

本論に入る前に、いわゆる三権の定義と用語に関して、指摘しておかなければならない問題がある。日本語で三権は、通常「立法権」「行政権」「司法権」として言及され、現行憲法の中でもこれらの用語が使われている。しかし、あらためて見比べれば誰でもすぐ気がつくように、この三つの言葉は並列的ではない。法を立てると書く「立法」、法を司ると書く「司法」に対して、行政だけ、「法」ではなく「政」という文字が使われ、「政治を行う権限」となっているのである。

英語では、三権はそれぞれ、legislative power, executive power, judicial power であり、このうち executive power は legislative branch/body（立法府・部門）が作った法律を「執行する（execute）」という意味の権限である。英語の executive power を、どのように無理しても、「行政権」と訳すことはできない。逆に、行政権という日本語は、議会の作った法律を執行するという以上の、きわめて広い権限を含意しているといわねばならない。

実は、明治の初期には日本でも「行法」という言葉が使われていた。しかし、列強に囲まれ強い権限を集中して近代化を急がなければならないという当時の政治的状況から、executiveを拡大解釈するようになり、行法権ではなく行政権に置き換えられるようになったのである。この歴史的経緯は日本の「行政学者」(!)たちによってすでに明らかにされているが、筆者の知る限り、なぜ第二次大戦後も「行政権」という訳語が日本で引き続き使われることになったかについての研究はない。マッカーサーの側近たちが日本国憲法の草案を作った時、そしてそれを日本側が訳した時に、この問題が議題に上ったことは間違いないと思われる。当時憲法起草に携わった日米の当事者たちが、「行政」が「行法」よりはるかに広い権限を示唆する訳語であることを理解していなかったはずはないからである。

以下では、行論の都合上、慣例に従い「行政権」という言葉を用いるが、筆者は、これは三権の一つを表す言葉としては不適切であり、「行法権」あるいは(並列的ではなくなるが)「執行権」に改めるべきだと考えている。行政権という言葉は、内閣だけでなく、その下に裾野のように広がる巨大な官僚組織までもがその権限の主体であるかのようにイメージさせる。それゆえ、この言葉は国権の一端が(不当にも)官僚たちによって支配されていたとしても、そのことをわれわれが無意識のうちに錯覚し容認してしまう原因を生んでいると思うからである。

権力分立から権力の抑制均衡へ

日本では、権力の分立原理と権力の抑制均衡原理は相互補完的と考えられている。そして、現行憲法もこの二つの原理に基づいて統治構造が組み立てられていると解釈されている。しかし、この二つの原理の目指す統治の方向性は、必ずしも一致しない。かつてマディソンが指摘した通り、重要なのは後者であって、分立原理を徹底することは実際上できないし、またそうすることにはむしろ弊害のほうが大きい（「ザ・フェデラリスト」第四七、四八、および五一篇）。

元来、権力分立原理とは、立法、行政、司法という三つの権限が独立し相互に排他的であることが、権力濫用の防止に寄与すると考える統治原理である。日本国憲法において三権分立を規定しているのは、すでに取り上げた立法権についての第四十一条、「行政権は、内閣に属する」とする第六十五条、そして「すべて司法権は、最高裁判所及び法律の定めるところにより設置する下級裁判所に属する」という第七十六条の三つの条文である。つまり、これらの条文には、三権がそれぞれどこに帰属するかが書いてあり、そのことが日本において三つの権限が分離され、独立したものであることの根拠とされている。

しかし、純粋な形での権力分立は、実際の統治機構としてはありえない。たとえば、分立原理の趣旨からすれば、同一人物が二つ以上の権限の役職に同時に就くことは許されるべきでないが、日本のような議院内閣制は、内閣が国会議員で構成されていることからして、むしろ同一人物による兼職を前提にしなければ成立しえない政治体制である。また、「行政立法」などという言葉があるように、日本では官僚たちの作文した「政令」や「省令」が、治められる者に対する規制という意味では法律と同じ効果をもつ公的なルールとして、立法府である国会を通さず、次から次へと決められている。さらに、最高裁判所が違憲立法審査の結果、ある法律を違憲と判断することがあるならば、それは司法のみならず立法的機能を果たしていると解することもできる。

つきつめれば、立法、行政、司法の三権とは、国権の三つの異なった次元を表しているのにすぎないのであって、それを相互排他的に分離独立させることなど、不可能なのである。また、そもそも三つの権限で、国権のすべての側面を網羅できると考えられるかどうかについても、疑問がある。

重要なのは、完全な分離独立がありえないからこそ、統治構造として、三権を中心的に担う機関を相互に抑制し、均衡し合うようなメカニズムを構築することである。それが、抑制均衡の原理にほかならない。つまり、抑制均衡の原理は、権力分立の原理とは逆に、「三部門が相互に憲法上の抑制権を行使しうるように互いに関連し混合していなければ」(マディソン)、そのうちの一つが暴走することのないような制度を構築できない、と考えるのである。

行政機関の憲法上の独立

分立と抑制均衡という二つの統治原理が反対の方向性をもつということへの理解の欠如が、今日の日本における憲法論議に混乱を生じさせている。その影響の一つとしては、二院制の維持か一院制の採用かという議会のあり方に関する論争がわかりにくくなっていることがあげられる。この論点は非常に重要であるが、残念ながら複雑で、紙幅の制約上、ここでは指摘しておくだけにとどめたい。以下では、その影響を示すためにやはり同じくらい重大なもう一つの例を取り上げることにしよう。

日本の現行憲法では、会計検査院を唯一の例外として、憲法によって定められている行政機関はない。そうした機関を設けるべきではないという主張を正当化するために、しばしば援用されるのが、権力分立の原理なのである。行政権は内閣に排他的に帰属させるのが適当であり、それ以外に行政を担う機関を作ることは分立原理に反する、というわけである。

しかし、権力の濫用を防ぐことが究極の目的であるならば、そのような行政機関が作られることがむしろ歓迎されるべき場合もある。他国の例をみると、たとえばドイツの中央銀行は憲法によってその地位と権限が保障されているが、それは、戦前の苦い経験を教訓として、時の政府が恣意的に金融政策へ介入しないようにするための制度になっている。これに対して、日本の中央銀行である日本銀行は日銀法という立法措置によってその権限が根拠づけされているにすぎない。金融政策を行う憲法上の権限は行政権の属する内閣にあるという建前が貫かれているのであり、それゆえ、日本における中央銀行の独立性は、時の政府とのあいだの「紳士協定」でしかない。

もう一つ例をあげれば、日本では選挙管理委員会が総務省によって統括されているが、これは、選挙における不正を監視する総責任者が、時の政府の総務大臣であることを意味する。あらためて指摘されれば、このことについては、おそらく多くの人が、日常的感覚からしておかしいと思うのではないだろうか。韓国やスウェーデンなどの国々では、選挙管理委員会は憲法によって規定されている。タイなどでは、個々の選挙管理委員が、単に選挙を監視する行政権限のみならず、選挙の無効を判断し、選挙のやり直しを命ずる司法権限まで、憲法上有している。

これまでの改憲論争の中で、中央銀行や選挙管理委員会のような、他国で憲法上その独立性が保障されている機関を日本でももっと積極的に作るべきだという提言は、ほとんど聞かれない。その理由は、日本では、統治の原理として、分立原理が過度に強調されているからである。それと対置されるべき抑制均衡原理は、むしろ日銀や選挙管理委員会といった中立であるべき行政機関に憲法上の独立性が付与されるべきだという主張とまったく矛盾しない。いや矛盾しないどころか、この後者の原理は、むしろそうした主張に正当性を付与するとさえ考えられるのである。

一人一人の責務として

このエッセイでは、日本の憲法のあり方を考えるための視角として、憲法主義という政治理念の重要性を強調した。憲法に限らず、どのような制度であれ、制度を構築するという作業には、その屋台骨となる理念が不可欠である。それなくしては、制度作りのための議論や提言が断片化することは避けられない。これまでの日本では、第九条と平和主義の問題、環境権やプライバシーといった新しい権利、さらには地方分権のあり方など、憲法が体現すべき個別の政治的価値については、突っ込んだ論争が行われてきた。しかし、そうした個々の断片を、いったいどのようにして憲法という体系的制度につなぎ合わせていくのか。そのための議論は、ほとんど行われていない。

残念ながら、われわれには、政治的空白の中で純粋に理想的な憲法を起草することを許されていない。どの時代のどの国のどの憲法をとってみても、国家がおかれたその時々の政治的状況が刻印されている。その意味では、どの憲法も、過去から引き継がれた歴史的文脈の中でしか成立しえないのである。もちろん、憲法を取り巻く政治的状況は、時々刻々変化し、変化し続ける。そうした中で、新しい状況に適応して、古い憲法をよりよい憲法に作り替えていこうとする勇気を惜しむことがあってはならないであろう。

しかし、勇気だけでは、憲法を起草したり改正したりすることはできない。そこには、権力や権力濫用への深い洞察と、予見されるべきさまざまなトレードオフを比較考量するための知識や理解力が要求される。多数派の意思の尊重か、それとも少数派の保護か、国政の効率性を高めるための権力の集中か、それとも権力の集中が権力の濫用に変貌しないための防御措置か、現在安定することか、それとも将来にわたっての秩序を築くことか。われわれは、これらの問題に、自らの良心と能力の限りを尽くして、真摯に応えていかなければならないのである。

アメリカ連邦憲法を擁護したきわめて思慮深い文書「ザ・フェデラリスト」は、その結び（第八五篇）

で哲学者D・ヒュームの次の言葉を引いている。

大きな国家や社会を（中略）成文法の上に均衡させることは、至難の業であり、いかに幅広い英知をもった天才といえども、彼一人の理性や内省によってのみでは、それを実現することはできない。その作業には、多くの人々の判断が結集されなければならない。経験が彼らの作業を導き、時間がその作業を完成へと向かわせ、そして不具合であるという感覚が、初期の試行に不可避的に伴う過誤を匡正するに違いない。

憲法は、政党や政治家、あるいは憲法学者だけが考えればよい問題ではない。今、われわれは、一人一人が正しい判断をするという責務を負っている。それは、自分の同胞や子孫たちに対して、そして何より自分自身に対して、課された責務である。なぜなら、憲法とは、権力者のためにあるのではなく、われわれ国民が自らの拠り所とするもの、だからである。

註

1　日本では、constitutionalismの訳語として「立憲主義」が定着しているが、「立憲民主主義」などという言葉が安易に使われるように、それでは民主主義と対立する政治理念であることを際立たせることができないので、ここではあえて耳慣れない（またよりストレートな訳語である）「憲法主義」という言葉を使う。

2　日本でふだんから使われている「立憲主義」という訳語は、「立法主義」と相対するという意味においては、適切である。もっとも、この二つが元来対立する概念であるということも、見過ごされがちである。

3　以下、「ザ・フェデラリスト（*The Federalist Papers*）」からの引用は、岩波文庫版の邦訳（斎藤眞・中野勝郎訳）を基礎としたが、原典をふまえて適宜修正したことをお断りする。

4　9・11事件の後アメリカ社会がパニックを起こし、（ジョージ・W・）ブッシュ政権はいわゆる「テロとの戦い」という名目で市民の自由をことごとく破壊してしまった。世界的に著名な憲法学者B・アッカーマンは、この経験から学ぶべき教訓として「緊急事態の憲法」を設計すべきであるとしている。とくに「段階別特別多数決制」を提案し、緊急事態を宣言する（維持する）のに必要な議会の同意が時間を経るごとに六〇％（二ヵ月後）、七〇％（四ヵ月後）、八〇％（半年後）と増えていくような憲法改正を提言している。より詳しい解説として、河野勝「危機管理としての憲法――われわれは『マディソンモデル』を超えられるか」若田部昌澄編『日本の危機管理力』（PHP研究所、二〇〇九年）を参照していただきたい。

5　多数派がなぜ憲法を受け入れるのかという「パズル」の解明については、河野勝・広瀬健太郎「立憲主義のゲーム理論的分析」川岸令和編著『立憲主義の政治経済学』（東洋経済新報社、二〇〇八年）も参照していただきたい。

付録　虚の拡散にどう対処するか

執筆　ジェームズ・ハミルトン
アレキサンダー・ジェイ
翻訳　河野　勝

世界各国の市民のみなさんへ

サイバー上に広がる言論空間に関して現存する公的規制がいかに役に立たないかは、この前のわが米国の大統領選挙で痛感されたところである。その経験の苦々しさは、他の国に住むみなさんにも共有していただけるであろう。

「ローマ法王はトランプ候補を支持している」
「クリントン候補のメール問題を捜査中だったFBI捜査官が謎の自殺を遂げた」
デジタルメディアを通じて大量に拡散された、そして今後も拡散され続けるであろう、この種の虚偽や不誠実な言説に対し、われわれはどう対処すべきか。この問題は実に重要で、将来の人間社会の命運を左右するといっても過言ではない。

情報技術の進歩によって産み落とされた言論空間の行く末は、はたしてこのまま頽廃と無秩序に委ねざるをえないのか、それとも熟慮と選択を通じてそこに公共善が反映される道が残されているのか。この重大な問題を根本から再考し、勇気をもって決定すべきときが到来している。

ユートピア、分極化、非情報化を超えて

インターネットが普及し始めた一九九〇年代、デジタル技術の発達は言論活動を解放（＝自由化"liberate"）し、活発で開かれた意見交換を可能にするというユートピアが無邪気に想い描かれていた。サイバー空間は、「制約のない」および「無料である」という両方の意味で自由（free）であり、その恩恵により人類史上初めてグローバルな共同体が構築されつつあるとまで語られていた。

しかし、いまデジタルメディアに携わる者の多くは、自戒を込めて、自分たちが作り上げてきた技術とサイバー空間がいかに人間社会を分断しつつあるかを憂いている。ツイッターやフェイスブックなどのいわゆるソーシャルネットワーク・プラットフォームでは、グローバル化とまったく逆向きに、自分と近い人たち、すなわち同じ言語を解し、共通の話題や背景をもち、関心や意見が似通った人たち同士がつながりを強化していることが知られている。さらに、

こうしたプラットフォームでは、悪意に満ちたユーザーによるヘイトスピーチや特定の個人への誹謗中傷が日常的に横行し、人々の疎外と分極化に拍車をかけている。

最近とくに問題となっているのは、人々を惑わし社会を混乱させることを目的とした悪意ある虚偽の情報発信である。とりわけ虚偽と真実とを意図的に混在させる手の込んだやり方でのメッセージの拡散は、本当に正しい情報を見分ける認知コストを増大させ、手にする情報を信じない、またそもそも情報を手に入れようとしない「非情報化（disinformation）」という病理の温床となっている。そして、ソーシャルネットワークのみならずテレビや新聞など伝統的媒体も含めて、メディア全体への信頼は著しく低下している。

われわれ著者二人は、デジタル技術がもたらしてきた公益を過小評価するつもりは毛頭ない。たとえばインターネットで提供されるソーシャルサービスは、かつて不可能であったような出会いや再会を飛躍的に容易にし、幸せな交際や意義深い親交を無数に育んでいる。

実は、われわれ自身も、フェイスブックを通して親交を深めるまでは互いの存在さえ知らない間柄であった。名誉なことに、われわれは米国連邦憲法の成立に大きく寄与した文書（訳者註：*The Federalist Papers*）の執筆者の血をそれぞれ引く子孫にあたるが、だからといってこうしたサービスがなければ二人が知り合うことはありえなかったであろう。

しかし、われわれは、友情と互いへの尊敬を深める中、サイバー空間を通して出会うことができたという恩恵に真に報いるためにも、それをどう規制すべきかが世に問われなければならないと思うに至った。

情報技術が産み落としたこの言論空間は、どうすれば一般市民の信頼にたるものとして取り戻せるのか。（偉大な先祖たちにならい）共著で小文を上梓しようと意を決した直接のきっかけは、サイバー空間とそこに行き交う虚の言説がなければおよそ当選する見込みもなかった大統領が誕生したという衝撃であった。ただ、危機は、米国のみならず世界の思慮深いすべての市民に共通して迫っているというのが、われわれの一致した認識である。

「表現の不自由」を選択する自由

「表現の自由」という理念が、近代文明の発展を支えてきた核心の原理であることは、あらためていうに及ぶまい。しかし同時に、この理念が、国家など公権力からの妨害や威嚇により自由に発言できない人々が大多数を占めていたという時代的状況を前提にして確立されたということも、また忘れてはなるまい。

いみじくも、虚の拡散という問題は、名もない個人が自由に言いたいことを言い（書き込み）、しかもそれを不特定多数の人々に瞬時に発信することができるという言論環境が達成されたからこそ、生じているのではないか。

周知のように、今日デジタル技術

によって支えられているサイバー空間は一様に地球を覆い尽くしているわけではない。まさにデジタルデバイドという言葉が含意する通り、現在の人間社会は大きく二つの領域に分断されている。一方には、先進諸国を中心に、モバイル機器やパソコンを使って誰もがいつでも意見を自由に発信することができる世界が成立している。他方で、国民の大多数が自由に発言できる機会をいまだに与えられず、デジタルメディアを通じてなされる発信がかろうじて公権力による妨害や威嚇をかいくぐり、暴力や不正義を告発できる唯一の手段であるという状況におかれた独裁国家や権威主義的国家も存在する。

この二分法は、世界の経験的描写としてけっして厳密とは言えないが、規範的な原理や行動指針を探究する上では、こうした単純化された想定が要請される。もしこの想定を議論の前提として受け入れるならば、二つに分断された世界のそれぞれにおいては、表現の自由をめぐって当面する課題が著しく異なっていることが明らかとなろう。

独裁や権威主義のもと、すなわち公権力と個人の権利とが真っ向から対峙する構図のもとでは、依然として、表現の自由の理念は何をおいても優先されるべき原理および目標として掲げられるべきである。圧政を強いる国々においては、国家自体が意図的に虚偽の情報を拡散し、人々を混乱に陥れようとするかもしれない。それゆえ、デジタルメディアはこうした国々で奮闘する勇気あるジャーナリストやブロガーたちの報告や意見を広く世に伝えるという重要な使命を担っている。その重要性は、たとえばE・ズッカーマンやR・マッキノンらが立ち上げたGlobal Voicesという団体の活動をみれば、明らかである。

これに対して、情報技術の恩恵がすでに行き渡っている先進諸国においては、表現の自由をめぐる構図ははるかに複雑である。こうした国々では、他者を傷つけ社会を混乱に導く悪意に満ちた言説が一般の人々によって発せられ、ツイッターやフェイスブックなどのプラットフォームを通して、瞬時に拡散されうる。こうしたプラットフォームの提供者たちは、「サイバー主権者（cyber sovereigns）」と呼ばれるほど巨大な影響力をもちながらも、本質的には利益を追求する私企業にすぎず、彼らがそうした言説を網羅的に監視したり取り消したり、あるいは発信した個人を特定して罰したり、ということは期待できない。監視やアカウントを閉鎖する処分が行われるとしても、そうした措置はあくまで各企業の自主的努力と裁量に委ねられているのである。

もちろん、先進諸国においても、殺人予告やヘイトスピーチなど他者に対する暴力（およびその切迫した危険）、プライバシー侵害、名誉毀損など、保全されるべき権利や利益が明白で特定できる場合には、一般に（サイバー空間に特化した特別法があるかどうかは別にして）司法による救済の道が開かれている。しかし、今日問題となっている虚の拡散は、多くの場合、明白で特定可能な権利や利益の侵害をともなうわけではない。ゆえに、それがいかに悪意に満ち、たとえば超大国の大統領選挙の結果にさえ重大な影響を及ぼしうるものであっても、ただ単に虚偽であるということでメッセージの拡散を制限する公的な規制は体系的に整備されていないのである。

さて、以上の二分法に則した論理をさらに進めると、表現の自由という理念について、次のように結論できるのではないか。すなわち、この理念が生み出された前提、公権力からの妨害や威嚇により自由に発言できない人々が大多数を占めているという時代的状況が、いまや地球の半分程度にしか当てはまらないのであるから、その残りの半分の世界については、新しい諸条件のもとで理念の意義と内容を再吟味すべき時期が到来している、と。

表現の自由は、疑いなく、人間の叡智が築き上げてきたきわめて重要な理念である。しかし、虚の拡散のような、表現の自由が達成されたことによって生み出される問題を、表現の自由という理念の中にとどまったまま対処することはできない。

いいかえれば、現代においては、より高次の自由と選択の問題が新たに提起されていると考えなくてはならない。

独裁や権威主義の国々について、依然として表現の自由が最優先に掲げられるべきだと訴えるとき、われわれは実は「『表現の自由』を選択する自由」を行使しているのである。翻ってそれは、もう半分の世界については「『表現の不自由』を選択する自由」を考え、構築していかなくてはならないことを示唆している。

既存の二つの対処案とその問題点

サイバー空間における虚の拡散に対処するための具体的方策として、これまでなされてきたスキームは、大きく二つに分かれる。しかし、そのどちらもが表層的で一面的な対処の仕方である。

第一は、教育や啓蒙活動を通して情報リタラシーを高め、デジタルメディアのユーザーたち自身が虚偽の情報に含まれる誤りや論理上の非整合性を見極める能力を向上させていくことを目論む提案である。しかし、悪意に満ちた虚偽情報の発信がますます巧妙になる中、それに太刀打ちできるだけのリタラシーの底上げを期待できるかについては、大きな疑問が残る。生半可なリタラシーでは、逆に悪意あるユーザーたちにつけこまれ、むしろ虚の拡散を助長してしまう恐れさえ否定できない。

第二には、第三者的な機関による事実確認（fact-checking）機能を充実させるという提案がある。伝統的な報道機関による事実確認は、少なくとも米国では、すでにかなり前から行われている。昨年の大統領選挙でも、ニューヨークタイムズやCNNをはじめとする大手メディアが、討論会などでの各候補者の発言の中で事実と反すると疑われたものについて検証する作業を行い、定期的にその結果を発表していた。

しかし、このスキームも、有効な対処となるとは考えにくい。まず、こうした事実確認作業には、時間と労力がかかりすぎる。たとえば虚偽のツイートが瞬時にリツイートされ大量に拡散される前に、検証を終えてその結果を公表することは、事実上不可能である。

また、そもそもこうした検証がどれだけ効果を及ぼすのかも不明である。政治学や心理学の実験研究では、最初に虚偽情報に触れ影響されると、事実に基づく修正のメッセージに接しても、むしろ最初の虚偽情報の影響のほうが強化されるという結果が報告されている。さらに、最大の問題点は、この機能を果たすとされる大手報道機関自体が、虚偽のニュースを流しているとして、現在その信頼を著しく失墜させている点にある。第三者的な機関を新たに創設するとしても、その信頼性をどのように確立していくかという同じ問題がそのまま残る。

以上二つの既存の提案をいまいちど振り返ると、そのどちらもが事後的な対処の仕方に終始しており、虚偽の情報発信を事前に思いとどまらせようとする抑止の発想が欠けていることが浮かび上がる。抑止とは、制裁が明確に制度化され、それが行使されうることが信憑性をもって予感されるときにのみ成功する。その制度的構造、すなわち制裁を誰がどのように行使する仕組みを作るのかがよいのかを考えること、それがまさに、「表現の不自由」をどう選択するかという作業にほかならないのである。

メディアの社会的責任と紛争処理手続の義務化

虚の拡散が起こるのは、サイバー空間においてだけではない。テレビや新聞など伝統的な媒体を介しても、もちろん起こりうる。しかし、旧来からのメディア機関は、誤報に対して自ら放送や紙面の中でそれを正したり検証したりして、コンテンツに責任をもつよう努めてきた。

たとえば、本論文の邦訳は日本の由緒ある総合雑誌『中央公論』に掲載され、①著者二人によって書かれたオリジナルな原稿が存在し、それを訳者が日本読者向けに翻訳したという体裁で発表される。しかし、実際のところ、②著者二人は実在せず、訳者が最初から日本語で書いたという経緯が事実である可能性もある。②であれば本論文には明らかに虚偽が含まれることになる。ところが、本誌編集者らがそのコンテンツに相当の価値があると判断すれば、虚偽であっても掲載するという決断を下すこともあろう。

こうして従来型のメディアでは、さまざまな責任を媒体自体が負う。これに対して、デジタルメディアを担う企業に社会的責任を負わせるという考え方は、もともと抵抗が強い。それは、これらの企業こそ、表現の自由という理念の旗手であることを自他共に認め、外からの干渉を著しく嫌うからである。

ただ、こうした企業の活動を見守

る目にも、ここ数年のあいだに微妙な変化が見られる。たとえば、前述のR・マッキノンを中心に設立された Ranking Digital Rights という組織は、代表的なデジタルメディア企業（二十数社）を、人権擁護の観点からいくつもの項目にわたってスコア化し格付けすることで、ガバナンスの整備や透明性などの面での企業の自助努力を促そうとしている。

もっとも、これは、あくまで評判メカニズムに則って、これらの企業の行動を規律付けしようという試みである。また、マッキノンらの関心はあくまで人権の尊重に向けられ、虚の拡散ということについてはなんらの救済措置も考えられていない。

そこでわれわれは一歩先を行き、公的規制によって、これらの企業に紛争調停手続きの設置を義務づけることを提案したい。その理由は以下の通りである。

われわれは、デジタルメディア自体が単独で自らの提供するプラットフォーム上を行き交う言説すべての真偽を判定することは不可能であるという前提に立つ。とくにソーシャルネットワークにおいては、悪意がありしかも虚偽であっても、おそらくまったく無害で問題視すべきでない言説が無数にありうる。たとえば、母親に腹を立てた息子が「きのうママが作ったハンバーグは世界で最低だった」とツイートしたとする。そこには悪意も（おそらく）虚偽も含まれているが、それが拡散されたところで社会的な混乱が起こるとはおよそ考えられない。

このような無害な言説が無数に存在する中から、有害な虚の拡散を見極める上で鍵となるのは、対抗言論（counter speech）の有無、すなわち問題があると思われる情報発信に対して、それに異を唱える言説が存在するかどうかである。われわれの提案は、相対立する二つの主張が同じプラットフォーム内で表明された場合、その提供者がその両者のあいだを調停することを義務づけるものである。実際にその調停をどのような形式で行うか、調停の結果としてどのような制裁が個々のユーザーに下されるか、またその手続きにどれほどの透明性をもたせるかは、各企業が独自に決定する。重要なのは、その制裁が制度化され、したがって予期可能となることによって、悪意に満ちた虚偽情報の発信を思いとどまらせる動機づけが初めて可能となる、という点である。

われわれの提案は、言論そのものを発している個人ユーザーの行動を直接規制しようとするものではなく、その意味においては彼らの表現の自由を侵害していない。しかし、公的規制を導入してデジタルメディアを担う企業のガバナンスに干渉するのであるから、こうした企業に一定の不自由を押しつけるものではある。

先進諸国であればどこでも、商法や会社法にあたる法律が、会社と認められるための組織構造について一定の要件を定めている。そうした規制があるからといって、商取引の自由が侵害されたとはいえない。むしろ、そのような規制があることで企業に対する信頼が向上し、商業活動は拡大すると考えるべきであろう。同様に、われわれの提案するこの規制によってサイバー空間における虚の拡散に歯止めがかかれば、メディアへの信頼が回復する可能性がある。その結果、より多くの、そしてより多様な意見や情報が取り交わされ、表現の自由という理念が本来目指す方向への改善が期待できるであろう。

われわれは、いかに崇高な理念であろうとも、絶対的なものと思い込んだとたん、ドグマやイデオロギーへと転化する危険があると思い知るべきである。人々を惑わし社会を混乱させることを目的とした悪意ある虚の拡散を、表現の自由を享受することの代償として受忍しなければならないと考えたり、ましてや表現の自由の名のもとに正当化したりするのでは、そうした危険に加担することになりかねない。

表現の自由というこの偉大な理念にも、それが生まれてきた前提や背景が刻印されている。その基礎的条件が大きく変容する中、新しい思考枠組みのもとで理念の意義や内容を見直し、既存の制度を組み替えていくことに、二の足を踏むことがあってはならないのである。

あとがき

研究者人生を振り返ると、偉大な先生方と交わした記憶に残る会話がいくつも彷彿としてくる。これもまた、私がまだスタンフォード大学で修行していたときの話。博士論文が公刊されることになったと報告すると、よく目をかけてくれたD・ブレイディ教授が「おめでとう」と言った後で、「ところで、君は、一生のうちに何冊の本を書くと思うかね」と訊ねた。駆け出しの私には見当もつかなかったので、「さあ、五、六冊でしょうか」と答えると、彼は「いや、三冊がちょうどいい」と自信たっぷりに言う。「あのJ・フェアジョン大先生を見てごらん。彼が、何冊本を出版したか。単著はいまだに一冊だけ。彼を有名にしたのは、本ではなく、優れた論文の数々なんだよ」。

その後、私自身も多くの論文を書いてきたが、それらを一冊の本にまとめようなどと思ったことはなかった。自分としては、すでに世界に向けて発表したのであるから、あとは、もし興味をもってくれる後進の研究者がいれば、彼らが図書館やネットで探し当ててくれるだろうし、それで十分、と感じていたからである。しかし、そうした中、昨年夏、長い付き合いとなった編集者の吉田大作氏が「そろそろ、書いたものを一冊にまとめてはいかがですか」と、声をかけてくれた。ありがたいことに、彼は私の論文の多くを読んでいて、研究者向けではなく一般読者を対象にした書物としてまとめるべきだ、と強く勧めてくれた。この言葉がなかったら、本書が誕生することはなかった。私にとって三冊目の単著である。おかげで研究者としての生涯ノルマを果たせたような気がして、吉田氏には本当に感謝している。

研究者人生を振り返ると、かけがえのない同業の友人たちに恵まれたことに、あらためて感動する。すべての方々を列記することはとてもできないが、西澤由隆、田中愛治、久米郁男のお三方の名前だけはここに挙げさせていただき、日頃から公私にわたってお世話になっていることに感謝申し上げたい。また、早稲田の政治学研究科には、常に優秀な大学院生たちが集う。本書の第四章は、もともと修士課程に在籍していた飯田邦彦氏がアメリカで行われた重要な実験研究を日本でもレプリケートしたいと思い立ち、筆者及び（第五章の共著者である）荒井紀一郎氏と共に実験を行ったことが発端となって進めた研究の成果である。この研究をきっかけとして、マイケル・トムズ氏と知己を得て長年にわたる共同研究がスタートしたので、飯田氏には多くを負っている。また、調査データのクリーニングと分析では、筆者が指導した（している）院生たちがリサーチアシスタントとして多大なる貢献をしてくれた。すでに研究者として独り立ちしている荒井氏、遠藤晶久氏、豊田紳氏、そしてまだ院生である安中進、門屋寿、喜多宗則の各氏には、特に感謝したい。

私は、比較的大型の研究助成を受けるという幸運に恵まれてきた。本書でもそうした助成によって実施することが可能となった学術的世論調査のデータを多く用いている。具体的には、スタンフォード大学の国際共同研究のためのグラント（第一章と第二章）、科学研究費（基盤研究A）「日本人の外交に関する選好形成メカニズムの研究」（研究課題番号23243030：研究代表・河野勝）（第三章、第四章、第七章）、同（特定領域研究）「政治制度の選択と機能分析」（研究課題番号19046001：研究代表・肥前洋一）（第四章、第五章）である。これらの調査を委託した株式会社日経リサーチは、登録しているモニタープールから地域、性別、年代が人口構成比にしたがうように回答者（被験者）を抽出したほか、複雑な実験を実装していく上で実に忍耐強く私の要望に沿って実施していただいた。また、第四章の中で予備的作業として行ったフォーカス・グループ・インタヴューは、二〇一〇年度サントリー文化財団「人文科学、社会科学に関する学際的グループ研究助成」（「理論と歴史の対話からみた東アジア安全保障と日本の課題」研究代表・河野勝）によって実施できた。そして、これらすべての調査と実験は、早稲田大学の「人を対象とする研究に関する倫理審査委員会」の審査と承認に基づいて行われた。以上、記して、関係各位に謝意を表する。

最後になるが、奉職する早稲田大学には、日頃から授業負担の軽減やTAの配置など、研究を奨励する支援措置を講じてくれていること、また特に政治経済学術院の優秀で素晴らしいスタッフには、研究費の事務処理など学術活動のためのインフラをしっかり支えていただいていることに、この場を借りて御礼申し上げる。

本書は、執筆中「パパ、あーそぼ」といって何度も私を邪魔した湊人と、その彼をたしなめつつ私のストレスと癇癪に耐え抜いてくれた千絵美に、心を込めて捧げられる。

河野　勝

二〇一八年二月

初出一覧

Ⅰ　もう一つの安倍政権論

第一章　なぜ安倍内閣の支持率は復活するのか（『中央公論』二〇一七年十一月号）

第二章　新しい安保法制は何を後世に残したのか（『アスティオン』第八六号、二〇一七年五月、「安保法制は何を後世に残したのか――もうひとつの安倍政権論」改題）

第三章　何が憲法改正を躊躇させるのか（書き下ろし）

Ⅱ　実験が解明する政治経済のロジック

第四章　日本における「観衆費用」と対外政策論（「日本国際政治学会」報告、二〇一三年十月、「日本における観衆費用の実証分析」改題）

第五章　バンドワゴン行動の政治経済分析（『日本経済新聞』二〇〇八年三月四日「経済教室」、「なだれ現象が行動を左右する」改題）

Ⅲ　正義についての思考およびサーベイ実験

第六章　復興を支援することは、なぜ正しいのか（『復興政策をめぐる《正》と《善》』早稲田大学ブックレット、二〇一二年一月）

第七章　他者への支援を動機づける同情と憐れみ（『年報政治学2015-Ⅰ　政治理論と実証研究の対話』木鐸社、二〇一五年六月、「他者への支援を動機づける同情と憐れみ――サーベイ実験による道徳的直観の検証」改題）

Ⅳ　民主主義と自由を考え直すための三つのエッセイ

第八章　正しい民主主義とは（『中央公論』二〇一二年八月号「原発再稼働とふりかざされる「民意」」改題）

第九章　なぜ憲法か（『中央公論』二〇〇五年五月号、「なぜ憲法か――憲法主義の擁護のために」改題）

付録　虚の拡散にどう対処するか（『中央公論』二〇一七年七月号）

河 野　勝（こうの・まさる）
1962年、東京都生まれ。上智大学法学部卒業。イェール大学修士（国際関係論）、スタンフォード大学博士（政治学）。ブリティッシュ・コロンビア大学助教授、スタンフォード大学フーバー研究所ナショナル・フェローなどを経て、現在、早稲田大学政治経済学術院教授。著書に*Japan's Postwar Party Politics*（Princeton University Press）、『制度』（東京大学出版会）ほか。

政治《せいじ》を科学《かがく》することは可能《かのう》か

2018年4月10日　初版発行
2020年5月20日　再版発行

著　者　河 野　勝
発行者　松 田 陽 三
発行所　中央公論新社
〒100-8152　東京都千代田区大手町 1-7-1
電話　販売 03-5299-1730　編集 03-5299-1740
URL http://www.chuko.co.jp/

DTP　市川真樹子
印　刷　三晃印刷
製　本　小泉製本

Published by CHUOKORON-SHINSHA, INC.
Printed in Japan　ISBN978-4-12-005069-5 C0031